Gemeinderat Stuttgart

Die Stuttgarter Pferdeeisenbahn (1885)

Gemeinderat Stuttgart

Die Stuttgarter Pferdeeisenbahn (1885)

ISBN/EAN: 9783743321557

Hergestellt in Europa, USA, Kanada, Australien, Japan

Cover: Foto ©ninafisch / pixelio.de

Gemeinderat Stuttgart

Die Stuttgarter Pferdeeisenbahn (1885)

Die
Stuttgarter Pferde-Eisenbahn.

Bearbeitet

im Auftrag der Bauabteilung des Gemeinderats

von

Stadtbaurat Kaiser

Stuttgart.
Druck von W. Kohlhammer.
1885.

Aus der einschlägigen Litteratur wurden benützt:

Der Straßen- und Wegebau in seinem ganzen Umfange rc. von Georg Osthoff, Ingenieur und Stadtbaumeister in Oldenburg. Leipzig. Carl Scholtze. 1882.

Ueber Straßenbahnen und Eisenbahnen in Städten von A. Bürkli, städtischer Ingenieur in Zürich. 2. Aufl. Zürich, Druck und Verlag von Schultheß. 1865.

Verein deutscher Eisenbahnverwaltungen. Bericht der Subkommission für Straßen- und Zahnradbahnen an die Kommission für technische und Betriebsangelegenheiten vom Monat April 1882. Wiesbaden, C. W. Kreidel's Verlag. 1882. Zusammengestellt nach aufgestellten Fragebeantwortungen im Auftrage der Kommission des Vereins deutscher Eisenbahnverwaltungen, enthalten in dem 8. Supplementband des Werkes „Organ für die Fortschritte des Eisenbahnwesens in technischer Beziehung rc." Herausgegeben von Edmund Heusinger v. Waldegg Oberingenieur in Hannover.

Kalender für Straßen-, Wasserbau- und Kulturingenieure. Herausgegeben von A. Rheinhard, Baurat bei der Königl. Oberfinanzkammer in Stuttgart, technischem Referenten für Straßen-, Brücken- und Wasserbau.

Die Stuttgarter Pferde-Eisenbahn.

I. Allgemeines.

Unsere jetzt bestehende Pferde-Eisenbahn, welche bekanntlich in den Jahren 1868/69 gebaut und eröffnet wurde, ist nach den Planen des Oberbaurats v. **Morlok**, durch den Bauunternehmer G. Schöttle ausgeführt worden. Hinsichtlich der Zeit der Erbauung darf sie unter die ersten Bahnen in Deutschland gerechnet werden und steht auch unter den Bahnen anderer Länder in der vorderen Reihe.

Die erste Pferde-Eisenbahn wurde im Jahre 1832 in New-York angelegt, Frankreich folgte im Jahre 1854 durch den Bau einer Bahn in der **Avenue de la Reine** in Paris. In England wurde die erste Bahn in Birkenhead im Jahre 1860, in Dänemark 1862 in Kopenhagen, in Holland 1863 in Haag—Scheveningen, in Deutschland 1865 in Berlin und in Oesterreich 1867 in Wien erbaut.

Zuverlässige Angaben über die Zahl der Städte, welche mit Bahnen versehen sind, sowie über die Länge ꝛc. der letzteren zu liefern, ist etwas schwierig und zeitraubend, weil fortwährende Erweiterungen der älteren Linien in größeren Städten vorgenommen werden, und auch kleinere Städte in neuerer Zeit sich dieses Verkehrsmittels bedienen.

Die überwiegende Mehrzahl aller Straßenbahnen (in der Folge soll die in neuerer Zeit vielfach gebrauchte Bezeichnung „Straßenbahnen" eingeführt werden) ist aus der neuesten Zeit.

Systeme der Straßenbahnen. Im großen ganzen gibt es nur zwei Systeme von Straßenbahnen, nämlich das allgemein gebräuchliche, bei welchem die Wagenräder, wie bei den Eisenbahnen, mit Spurkränzen versehen sind, und das Schienengeleis nicht verlassen können, und das von dem Engländer Haworth eingeführte, sogenannte Perambulatorsystem, bei welchem die beiden vollkommen flachen Schienen eine Ebene mit der

Straßenfläche bilden; die Wagenräder sind wie bei den gewöhnlichen Straßenomnibussen, auch die Konstruktion der Wagen ist die eines gewöhnlichen Wagens mit drehbarem Vordergestell. Die Führung geschieht durch eine an der vordern Achse befestigte Leitrolle, die in einer mitten in der Bahn liegenden dritten Schiene mit einer Rille zur Führung der Rolle läuft.

Wird diese Rolle in die Höhe gezogen, und dadurch aus der Rille der Leitschiene gebracht, so kann der Wagen auch außerhalb des Schienengeleises in jeder beliebigen Richtung auf der Fahrbahn der Straße sich fortbewegen.

Ungeachtet mancher Vorteile, welche diesem System nicht abzusprechen sind, hat es doch nur wenig Anwendung gefunden und scheint in neuerer Zeit selten zur Ausführung zu kommen.

Spurweite. Die Spurweite der Straßenbahnen war ursprünglich wie diejenige der Dampfeisenbahnen 1,435 m, was dadurch erklärlich ist, daß man glaubte, die mit der Eisenbahn ankommenden Güterwagen auch auf den Geleisen der Straßenbahnen weiter führen zu können; da dieses aber in vielen Fällen nicht verlangt wird und auch in einzelnen Fällen nicht möglich ist, so wird in neuester Zeit eine geringere Spurweite von 1,0 m, ja sogar nur von 0,75 m angewendet. Bei dem ersteren Maß kann den Personenwagen noch die gewöhnliche Breite von 2,0 m gegeben werden, und steht somit der Anwendung dieser Spurweite bezüglich der Wagen nichts im Wege.

Steigungen. Die größte Steigung, welche ohne Anwendung von Vorspannpferden noch befahren werden kann ist 2,5 bis 3,5 %, mit solchen Pferden 5—7 %. Bei Bahnen welche mit Dampfkraft betrieben werden, können noch Steigungen bis zu 8 % befahren werden.

Geleislage. Im allgemeinen werden die Geleise in die Straßenaxe oder parallel zu derselben gelegt; bei einer Fahrbahnbreite von 8 m und darüber bleiben, wenn ein Geleise in die Mitte der Straße gelegt wird, bei 2 m Wagenbreite beiderseits noch je 3,0 m, was genügt, um einen gewöhnlichen Wagen zwischen den Randsteinen des Trottoirs und dem Pferdebahnwagen aufzustellen, oder an dem letzteren vorüberfahren zu lassen.

Wird das Bahngeleise auf die Seite einer Straße gelegt, so soll der Abstand zwischen Randstein und der Bahnaxe bei einer Wagenbreite von 2,0 m mindestens 1,25 m und an den Straßenecken 2,0 m betragen.

Bei schmalen Straßen ist auch deren Frequenz in Betracht zu ziehen.

Wenn das Geleise auf die Straßenseite gelegt wird, so gestattet eine Breite von 5,1 m zwischen den Randsteinen das Fahren mit einem gewöhnlichen Wagen neben dem Pferdebahnwagen und wäre dieses Maß als die geringste Breite einer Fahrbahn, in welche eine Straßenbahn noch eingelegt werden kann, zu betrachten.

Curven. Curven mit 12—15 m Minimalhalbmesser sind noch zulässig, es soll aber hiebei der feste Radstand (Entfernung der beiden Radachsen) der Wagen nicht über 1,3 m betragen, bei 25 m Minimalhalbmesser kann der Radstand größer sein und 1,8 m betragen.

Bei Bahnen mit Lokomotivbetrieb müssen die Maschinen verstellbare Triebachsen haben.

Die früher in Curven angewendeten flachen Außenschienen sind in neuerer Zeit durch Rillenschienen ersetzt worden, wobei die Spurweite in Curven mit 25 m Halbmesser um 2 mm und die mit 15 m Halbmesser um 5 mm enger als bei den flachen Außenschienen gelegt werden kann.

Ingenieur Hippe in München hat diese Aenderung zuerst angewendet und es sollen sich derartige Curven ebenso leicht und sicher befahren lassen als solche mit Flachschienen.

Oberbau. Der bisher vielfach gebräuchliche Oberbau aus Rillen- oder Flachschienen, welche auf hölzernen Lang- und Querschwellen befestigt sind, wird in neuerer Zeit wegen der bedeutenden Unterhaltungskosten nicht mehr viel angewendet; ein gut konstruierter eiserner Oberbau mit Stahlschienen ist jedenfalls vorzuziehen; die einmaligen Anlagekosten eines solchen sind nicht viel höher, dagegen die fortdauernden Unterhaltungskosten wesentlich billiger.

An einen solchen Oberbau sind folgende Bedingungen zu stellen:

1. leichtes und sicheres Legen ohne zu ausgedehntes Aufgraben des Untergrundes,

2. leichtes Auswechseln der schadhaft gewordenen Schienen,

3. der Oberbau soll tiefer in die Bettung hineinragen als die Pflastersteine hoch sind,

4. die Pflasterung muß sich satt an die Schienenstränge anschließen und dürfen die eisernen Querverbindungen derselben nicht hinderlich sein,

5. ein Unterkrampen oder Unterstopfen der Schienenstränge soll nicht erforderlich werden,

6. die Spur-Rille soll so konstruiert sein, daß die Pferde mit ihren

Stollen sich nicht festklemmen und daß der Straßenmorast leicht daraus entfernt werden kann,

7. der Oberbau soll oben geschlossen sein, damit kein Regenwasser in die Bettung dringen und diese aufweichen kann,

8. er darf den Verkehr der gewöhnlichen Fuhrwerke nicht belästigen.

Weichen und Kreuzungen. Die Weichen werden teils mit beweglichen teils mit festen Zungen angelegt. Feste Zungen sind vorzuziehen und überall anzubringen wo es die Verhältnisse gestatten.

Die Krümmungshalbmesser für die Weichengeleise betragen 50 bis 60 m, die gesamte Länge solcher Weichen, welche dazu dienen, bei eingeleisigen Bahnen das Fahren nach beiderlei Richtung zu ermöglichen, erhalten eine Länge von 60 bis 70 m.

Die Länge der Weichenzungen ist 2—2½ m.

In neuerer Zeit wurden Versuche gemacht mit sogenannten automatischen Weichen aus Stahl und Hartguß mit einer festen und einer beweglichen Zunge. Die Kreuzungsstücke werden in der Regel aus Hartguß mit einer Länge von 1,5 bis 2,0 m erstellt.

Fahrgeschwindigkeit. Die Fahrgeschwindigkeit der meisten Pferdebahnen beträgt in 5 Minuten 7 bis 800 m Länge, somit pro Stunde 8,5 bis 9,6 km. In Steigungen mit 3% vermindert sich diese Geschwindigkeit auf 270 m in 5 Minuten; auch ist diese außerhalb der Stadt eine größere als innerhalb der Stadt. Bei eingeleisigen Bahnen, welche in wechselnder Richtung befahren werden, müssen demgemäß, wenn die Wagen in Zeitintervallen von 5 Minuten einander folgen, die Ausweichstellen in Entfernungen von 7—800 m angelegt werden; bei längeren Zeitintervallen können auch die Entfernungen größer sein.

Erhöhung des äußern Schienenstranges in Curven. Je nach der Größe des Halbmessers ist der äußere Schienenstrang etwas höher zu legen als der innere, dem Mittelpunkt zu gelegene Strang; in scharfen Curven, mit nur 15 m Halbmesser, kann diese Erhöhung bis zu 70 mm betragen, wogegen sie sich in Curven von 100 m Halbmesser bis auf 10 mm vermindert.

Pferdebahnwagen. Besonders zweckmäßig eingerichtete Wagen werden in der Wagenfabrik von Herbrand u. Cie. in Ehrenfeld bei Köln gebaut; die Kasten haben gewöhnlich eine Breite von 2,0 m.

Einspännige geschlossene Wagen mit 12 Sitz- und 12 Stehplätzen erhalten eine Kastenlänge von 3,2 m und beträgt deren Gewicht circa 1350 kg.

Geschlossene Zweispänner mit 20 Sitz- und 12 Stehplätzen haben eine Kastenlänge von 4,9 m und ein Totalgewicht von 2300 kg.

Geschlossene Zweispänner mit Decksitz, 20 Sitzplätzen im Innern, 24 auf Deck und 12 Stehplätze wiegen bei einer Gesamtlänge von ebenfalls 4,9 m 2700 kg.

Der größere Teil der Bahnen hat nur eine Wagenklasse.

Beeinträchtigung des Verkehrs der gewöhnlichen Fuhrwerke durch die Straßenbahngeleise. Der Verkehr mit gewöhnlichen Fuhrwerken wird durch zweierlei Umstände beeinträchtigt; nämlich durch eine mangelhafte Unterhaltung der Fahrbahn der Straße, zunächst den Bahngeleisen, und durch eine zu große Breite der Spurkranzrillen. Werden die Straßen mangelhaft unterhalten, namentlich in der Richtung, daß entlang der Geleise die Pflasterung sowohl als die Chaussierung mit dem Schienenkopf nicht in derselben Höhe liegen, sondern etwas tiefer, so ist das Kreuzen der Geleise durch die gewöhnlichen Fuhrwerke schwierig, die Räder derselben gleiten entlang der Schienen weiter, was namentlich dann eintritt, wenn der Kutscher nicht bestrebt ist, in einer nahezu winkelrechten Richtung die Bahn zu überfahren.

Bei einer allzugroßen Breite der Spurkranzrille können Einklemmungen der Räder mit schmalen Felgen, wie sie namentlich an leichteren Fuhrwerken, eleganten Herrschaftswagen 2c. gebräuchlich sind, stattfinden; es ist deshalb üblich, die Spurkranzrille nicht breiter als 30 mm und nicht tiefer als 28 mm herzustellen.

Diese beiden Uebelstände können namentlich bei unerfahrenen Kutschern Radbrüche verursachen, wie sie anfänglich auch in hiesiger Stadt öfters vorgekommen sind.

Einfluß der Schienengeleise auf die Straßenunterhaltung. Das Einlegen von Schienengeleisen hat einen wesentlichen Einfluß auf die Straßenoberfläche und namentlich auf deren Unterhaltung. Bei allen Oberbausystemen, welche dieselben auch sein mögen, wird ein ungleiches Material in die Straßenfläche gebracht, das an verschiedenen Stellen eine verschiedene Abnützung erfährt. Da nun jede Straße um so leichter zu unterhalten und zu reinigen ist, je gleichmäßiger das Material und je gleichförmiger die Benützung ist, so entstehen in Straßen mit ungleichen Materialien an deren Grenzlinie Unebenheiten, die das Reinigen erschweren und stärkere Stöße und Schläge der Fuhrwerke verursachen, welch' letztere dann die Abnützung der Materialien an den betreffenden Stellen im Gefolge haben. Dieser Uebelstand tritt in erhöhtem Maße in denjenigen Straßen ein, in welchen zwei oder mehrere Schienengeleise liegen, und es gilt dieses sowohl für gepflasterte als für chaussierte Straßen.

Da die chaussierten Straßen ihrer Natur nach fortwährenden Abnützungen unterworfen sind, so ist deren Instandhaltung schwieriger als die der gepflasterten Straßen, bei welchen die Abnützung eine geringere ist.

Es ist deshalb notwendig, bei Anlagen von Straßenbahnen neben einem zweckmäßigen Oberbau auch einen soliden Unterbau herzustellen. Die oben geschilderten Uebelstände haben ohne Zweifel dazu geführt, daß den Unternehmern der Straßenbahnen in allen Städten (mit Ausnahme Stuttgarts) nicht nur die Unterhaltung und Reinigung der zwischen den Schienen gelegenen Straßenfläche sondern auch eines Streifens außerhalb derselben mit einer Breite von 30—70 cm zur Bedingung gemacht wurde.

Dauer der Konzession. Die Dauer der Konzession lautet meistens auf 30—50 Jahre. Die meisten Konzessionen werden unter der Bedingung erteilt, daß sie an Aktiengesellschaften übertragen werden können.

Kaution. Gewöhnlich wird bei Erteilung einer Konzession für die Erbauung einer Straßenbahn eine Kaution verlangt, welche je nach der Bedeutung der Bahnlinie verschieden ist. Dieselbe wird nach der Betriebseröffnung der Bahn teilweise zurückerstattet, indem alsdann die gefertigte Anlage nebst den Betriebsmitteln die Stelle der Kaution vertritt.

Abgaben. Für die Benützung der städtischen Straßen und Plätze zur Anlage der Schienengeleise haben die Gesellschaften eine Abgabe an die Stadtverwaltungen zu entrichten, deren Betrag entweder aus der Anzahl der im Betriebe befindlichen Wagen oder nach einem gewissen Prozentsatz der jährlichen Bruttoeinnahmen der Bahn berechnet wird.

II. Die derzeitige Ausdehnung und sonstige Verhältnisse.

Die Genehmigung zum Bau und Betrieb einer Pferdeeisenbahn zwischen Stuttgart und Berg wurde schon durch Königliche Entschließung, vom 14. Mai 1862, dem Bauunternehmer Georg Schöttle in Stuttgart unter Vorbehalt der näheren Bestimmungen erteilt, und es sind dieselben unter dem Titel „allgemeine Konzessionsbedingungen“ durch Entschließung des Königlichen Ministeriums des Innern vom 6. Februar 1863 festgestellt worden.

Anläßlich verschiedener ungünstiger Verhältnisse konnte aber eine Uebereinkunft zwischen der Stadtgemeinde und dem Unternehmer Schöttle bezüglich der Benützung der — der Stadtgemeinde zugehörenden Straßen, Wege und öffentlichen Plätze für die Zwecke der Pferdeeisenbahn erst am 17./19. Februar 1868 zum Abschluß gebracht werden, deren Inhalt in der Anlage 1. abschriftlich angeschlossen ist, und sollen hier in Kürze nur die hauptsächlichsten Bedingungen eine Stelle finden.

Der § 2 stellt die Dauer für die Erlaubnis der Benützung des städtischen Areals auf den Zeitraum von 30 Jahren, vom Tage der Bahneröffnung an gerechnet fest.

§ 4 bestimmt, daß wenn ein Unternehmen gleicher und ähnlicher Art in gleicher Richtung konzessioniert würde, die Stadtgemeinde sich das Recht vorbehält, solchem ebenfalls ihre Straßen zur Benützung zu überlassen, jedoch keineswegs unter günstigeren als die gegenwärtigen Bedingungen.

Nach § 6 ist der Unternehmer verpflichtet, die Pferdebahn durch die Eßlingerstraße, von dieser in und durch die Hauptstätterstraße — und Tübingerstraße bis zur Legionskaserne, von da durch die Königsstraße und über die Planie zurück nach der Neckarstraße bis zu ihrem Ausgangspunkte zu führen. Der Unternehmer ist gehalten, unmittelbare, die Ueberfahrt von einer Linie auf die andere ermöglichende Anschlüsse an die Pferdebahn zuzulassen, wenn weitere Pferdebahnen innerhalb der städtischen Straßen zur Ausführung kommen.

In § 7 ist gesagt, der an die Stadt zu entrichtende Mietzins für die Benützung der Straßen wird nach der Anzahl der in den Betrieb gestellten Wagen in der Weise bemessen, daß vom 1. bis 15. Wagen eine jährliche Taxe pro Wagen von 20 fl. (34,29 ℳ), vom 15. bis 25. Wagen eine solche von 30 fl. (51,43 ℳ) und für jeden weiteren Wagen 35 fl. (60 ℳ) zu entrichten ist.

Nach § 8 beträgt die Kaution für die Sicherstellung der planmäßigen Ausführung der Arbeiten 10000 fl. (17143 ℳ), welche nach Vollendung der Arbeiten auf die Hälfte vermindert wird.

In §§ 10 und 11 sind die Beziehungen zwischen der Stadt und dem Pferdebahnunternehmer geregelt, welche sich durch Ausführung von städtischen Arbeiten an den Straßen und ihren Bestandteilen hinsichtlich der Bahnbeschädigung, Unterbrechung, Verlegung u. s. f. ergeben.

§ 12 behandelt die Folgen der Betriebseinstellung, sowie des Verzichts auf die Konzession vor Ablauf der Konzessionsdauer.

§ 13 bestimmt, daß die Ausführung der Arbeiten binnen Jahresfrist zu beenden und die Bahn in Betrieb zu setzen ist.

In § 14 ist die Entfernung zweier nebeneinander liegenden Geleise von Mitte zu Mitte auf 12 Fuß (3,43 m) festgesetzt, so daß die aneinander vorüberfahrenden Wagen, deren Kasten eine Breite von 8 Fuß (2,3 m) beziehungsweise 10 Fuß (2,86 m) haben, noch einen Raum von 4 Fuß (1,15 m) beziehungsweise 2 Fuß (0,57) zwischen sich lassen.

Nach § 16 sind sowohl bei der einspurigen als bei der zweispurigen Bahn die Geleise in die Mitte der Straße zu legen und dürfen Abweichungen hievon nur mit Zustimmung der Straßenbauinspektionen der Stadt und des Staates gemacht werden.

In § 18 wird das durch Zeichnungen dargestellte Oberbausystem, wonach die circa 20 Fuß (5,73 m) langen gewalzten Bahnschienen mit starken Holzschrauben auf eichenen Langschwellen befestigt und diese in gepflasterten Straßen durch das Pflaster, in chaussierten Straßen aber durch ganz solid eingesetzte und verkeilte Vorlagsteine festgehalten werden, gut geheißen.

(Dieses System kam bekanntlich nicht zur Ausführung, sondern infolge einer Randbemerkung:

„Mit Zustimmung des Gemeinderats wurde bei der Ausführung die Schienenlage ohne hölzerne Querschwellen hergestellt" sind statt der Flachschienen auf Langschwellen sogen. Hartwich-Schienen, ohne jede Holzunterlage verwendet worden, was nebenbei bemerkt als ein wesentlicher Vorteil bezeichnet werden darf.")

§ 19 enthält die angeordnete Ueberwachung des Baues durch die städtische Straßenbauinspektion.

§§ 20—22 geben die Vorschriften für Wiederherstellung des Straßenkörpers beim erstmaligen Legen und bei Reparaturen.

§ 23 bestimmt, daß auf städtischem Grund und Boden der Raum, welcher bei doppeltem Geleise zwischen den beiden Geleisen liegt und wenigstens 4 Fuß (1,14 m) beziehungsweise 2 Fuß (0,57 m) breit ist, von der Stadtgemeinde unterhalten und gereinigt wird; dagegen ist der Raum zwischen den beiden Schienenreihen eines Geleises von dem Unternehmer zu unterhalten und bei veränderter Anlage des Straßenkörpers z. B. bei Pflasterung mit dieser übereinstimmend herzustellen, auch behält sich die Stadtgemeinde vor, wegen Unterhaltung und Reinigung der ganzen Straße, in welcher zwei Schienengeleise liegen, mit dem Unternehmer einen Accord abzuschließen.

§§ 24—27 enthalten nähere Vorschriften über den Bau der Bahn und über die Kontrolle vor der Inbetriebsetzung.

§ 28 bezieht sich auf die Bahnunterhaltung.

Die §§ 29—38 enthalten die Betriebs-Vorschriften.

Betreffend die Wagen bestimmt der §. 30. Dieselben müssen solid und zweckmäßig gebaut, insbesondere mit gepolsterten Sitzen, Glasfenstern und tüchtigen Bremsvorrichtungen, sowie für die Nachtzeit mit hellen durch farbige Gläser ausgezeichneten Laternen versehen sein.

Die Wagen sind mit Nummern zu bezeichnen und stets in untadelhaftem Stand, namentlich immer reinlich zu erhalten.

§ 36 bestimmt in Betreff des jeweiligen Fahrtenplans, daß derselbe der Genehmigung des Gemeinderats unterliegt, welcher hiebei das Bedürfnis des Publikums nach den verschiedenen Jahreszeiten im Auge behalten wird, und daß der Unternehmer verpflichtet ist, die vom Gemeinderat bestimmte Anzahl Fahrten einzuhalten.

§ 37 bezieht sich auf die Anschaffung der erforderlichen Wagen und Pferde sowie des erforderlichen Dienstpersonals und besagt:

hinsichtlich der Fahrpreise: Der Unternehmer kann dreierlei Arten von Wagen führen oder die Wagen mit entsprechenden Abteilungen einrichten.

Die Fahrpreise von der Stadt nach Berg dürfen die jeweiligen Fahrpreise I., II. und III. Klasse der Staatseisenbahnen für die Strecke von Stuttgart nach Cannstatt nicht übersteigen. Ob der nach Berg Fahrende am einen oder andern Endpunkt der Stadt einsteigt, macht keinen Unterschied, ebensowenig als wenn er auf dem Wege nach Berg unterhalb des Rondels der Neckarstraße an der Einmündung der Kernerstraße wieder aussteigt. Auch in diesem Falle kann die Taxe nach Berg gefordert werden. Für Fahrten innerhalb der jetzigen Stadt d. h. auf der ganzen Linie von dem gedachten Rondel über die Neckar-, Eßlinger- und Hauptstätter-, Tübinger-Königsstraße und Planie darf der Fahrpreis 3 Kreuzer (10 ₰) nicht übersteigen, gleich viel ob die ganze Strecke oder nur ein Teil derselben befahren wird.

Ueber die Entscheidung von Streitigkeiten zwischen der Stadt und dem Unternehmer durch ein Schiedsgericht vergleiche § 39.

Der Bau der vertragsmäßigen Linien wurde alsbald begonnen und so gefördert, daß die Eröffnung der Strecke Archiv-Berg am 29. Juli 1868 mit einem Geleise stattfinden konnte. Die Strecke vom Archiv bis zum

Tübingerthor wurde am 15. November, die weitere Strecke bis zum Bazar am 5. Dezember 1868 und der Rest über die Planie erst am 6. März 1869 eröffnet.

Die Fertigstellung des zweiten Geleises auf der Linie Archiv-Berg dauerte bis zum Juli 1869, in welchem Monat (den 21. Juli) auch die Strecke Berg-Cannstatt eröffnet wurde.

Über diese Linie besteht, weil sie keine städtische Straße berührt, eine Vereinbarung mit der Stadt nicht.

Die erforderlichen Hochbauten in Berg, nämlich die Halle zum Aus- und Einsteigen, die Stallungen und Remisen, wurden ebenfalls im Jahr 1869 vollendet.

Die Strecke vom Königlichen Staatsarchiv ausgehend, durch die Stadt und über die sogenannte Planie wieder zu demselben zurückkehrend, mit einer Länge von 2640 m ist einspurig und war bis zum Jahr 1882 ohne Ausweichstellen; da aber für einen geordneten Verkehr die Notwendigkeit solcher Ausweichstellen immer mehr zu Tage trat, so wurden in dem genannten Jahr solche an 3, in entsprechender Entfernung gelegenen Stellen angebracht.

Die Linie durch die Neckarstraße vom Archiv bis nach Berg mit 2930 m Länge wurde mit 2 Geleisen versehen.

Die weitere Strecke von Berg nach Cannstatt mit einer Länge von 1170 m hat nur 1 Geleise.

Wie nun aus dem Stadtplane leicht zu ersehen ist, können die bestehenden Linien, welche nur der Längenrichtung des Thales folgen, den Verkehrsbedürfnissen der Einwohnerschaft nicht genügen, denn der davon umfahrene Stadtteil hat einen Flächengehalt von nur 72 ha, was im Verhältnis zu der bebauten Fläche der Stadt (mit Ausnahme der Vorstadt Heslach) von über 700 ha sehr wenig ist; außerdem ist ihre Lage eine derartige, daß sie nur in einer Richtung mit Zeitersparnis benützt werden kann, nämlich vom Innern der Stadt aus nach Berg und Cannstatt und zurück, weshalb auch die Strecke Archiv-Berg, namentlich den Sommer über, die stärkste Frequenz aufweist.

Dagegen ist für die Verbindung des südöstlichen mit dem nordwestlichen Stadtteil und ebenso mit der nahezu 6000 Einwohner zählenden Vorstadt Heslach, sowie mit dem gegen die Prag hin sich rasch entwickelnden Stadtteil in keiner Weise gesorgt. Der deutlichste Beweis, daß in diesen Richtungen eine Erweiterung der Schienengeleise ein wirkliches Bedürfnis ist, ist der, daß in letzterer Zeit Privatomnibusgesellschaften entstanden sind, welche die Verbindung zwischen der Vorstadt Heslach und der Stadt, sowie mit dem Bahnhof der im August 1884 eröffneten Zahnradbahn Stuttgart-Degerloch und dem Staatsbahnhof, ferner zwischen dem südöstlichen und nordwestlichen Stadtteil ausgehend vom Wilhelmsthorplatz durch die Olga- und Charlottenstraße über die Planie, Fürstenstraße, Friedrichs-, Schloß-, Kanzlei-, Kriegsberg, Militär- und Silberburgstraße bis zum Silberburggarten herstellten.

Eine weitere Linie zur Verbindung des nordwestlichen Stadtteils mit der obern Praggegend geht vom Pragfriedhof aus durch die Bahnhof-, Friedrichs-, Post- und Rothebühlstraße und endigt an der Kreuzung mit der Schwabstraße.

Endlich dient zur Verbindung der untern Praggegend mit der innern Stadt die Linie durch die Friedhof-, Ludwigsburger- und Königsstraße bis herauf zur Planie. Soviel man hört, sollen die Omnibusbesitzer keine schlechten Geschäfte machen.

III. Die bis jetzt angestrebten Erweiterungen der bestehenden Linien.

Den ersten Anlaß zu einer Erweiterung gab die im Jahr 1881 in Stuttgart stattgehabte Landesgewerbeausstellung in der neu erstellten Gewerbehalle an der Kriegsbergstraße zwischen der Kanzlei- und Lindenstraße.

Die Direktion der Stuttgarter Pferde-Eisenbahngesellschaft hat infolge wiederholter Aufforderung von seiten des Ausstellungskomites und dem allgemeinen Verlangen nach Herstellung von Verbindungsgeleisen mit dem Ausstellungsplatze am 8. April 1880 die Anfrage an den Gemeinderat gerichtet, unter welchen Bedingungen ihr die Konzession zu einer Geleiseanlage erteilt werden würde, von der Planie abzweigend, entweder die Königsstraße abwärts, durch die Schloßstraße am Staatsbahnhof vorüber bis zur Kanzleistraße mit Fortsetzung in derselben bis zum Ausstellungsplatz an der Alleenstraße, oder von der Planie an derselben Stelle abzweigend — direkt in die Kanzleistraße einmündend — und dieser bis zum Ausstellungsplatze folgend.

Im weiteren hat die Direktion die Hoffnung ausgesprochen, der Gemeinderat werde, mit Rücksicht auf ihre gedrückte Geschäftslage und die Schwierigkeiten mit denen sie zu kämpfen habe, solche Bedingungen stellen, beziehungsweise Erleichterungen eintreten lassen, welche es ihr ermöglichen, der öffentlichen Meinung bezüglich der Herstellung einer geeigneten Verbindung mit der Gewerbehalle Rechnung zu tragen; ferner ist noch erwähnt, daß die Gesellschaft hiedurch ermuntert werden könnte, das Schienennetz allmählich auszudehnen und namentlich die untere und obere Stadt mit den bestehenden Geleisen in geeigneter Weise zu verbinden und dadurch eine gedeihliche Entwicklung der Stadtbahn herbeizuführen.

Die gemeinderätliche Bauabteilung hat die gewünschten Bedingungen festgestellt, welche, nachdem sie von dem Gemeinderat gutgeheißen waren, den 26. Mai 1880 der Direktion der Pferdeeisenbahngesellschaft zugesendet wurden.

Ihr Wortlaut ist folgender:

1. Vorlegung eines Gesamtplanes mit Rücksicht auf die künftig beabsichtigte Ausdehnung des Schienennetzes.
2. Die neuen Stipulationen gelten nur auf die 30jährige Vertragsdauer also bis zum Jahre 1898.
3. Die Einlegung von Schienengeleisen in die Schloßstraße vor dem Bahnhof wird mit Rücksicht auf den übrigen Verkehr nicht gestattet; dagegen hätte die Fortführung der Bahn in der Königsstraße bis an die untere Ecke des Königsbaues keinen Anstand.
4. Für die neue Linie sind Hartwich-Schienen mit angeschraubten Winkeln, oder ein anderes System einzuführen, bei welchem die Rinne für den Spurkranz der Wagenräder innerhalb des Schienenkopfes liegt.
5. Der Raum zwischen den Schienensträngen der Pferdebahn ist zu pflastern, auch wenn die Straße chaussiert ist. Außerhalb des Schienengeleises hat die Gesellschaft entlang den Schienen einen Streifen von 0,5 m Breite zu pflastern und in chaussierten Straßen, wo zwei Schienengeleise liegen, außerdem die 2 m breite Fläche zwischen diesen Geleisen. Der Gesellschaft liegt auch die Unterhaltung und Reinigung dieser Pflasterstreifen ob.
6. In gepflasterten Straßen erstreckt sich die Verpflichtung der Gesellschaft zur Unterhaltung und Reinigung
   a) auf den 2 m breiten Streifen zwischen beiden Geleisen,
   b) auf die Fläche innerhalb der Schienenstränge,
   c) auf den 0,5 m breiten Streifen entlang der beiden äußeren Schienen.

Es hat nun der Aufsichtsrat der Gesellschaft am 20. Juli 1880 nach Kenntnisnahme dieser Bedingungen erklärt, daß der Eindruck, den dieselben gemacht haben, ein sehr ungünstiger gewesen sei und er deshalb glaube, von der beabsichtigten Ausdehnung des Schienennetzes vorerst abstehen zu sollen, auch müsse er zu seinem lebhaften Bedauern erklären, daß bei dem zu Tage getretenen Mangel an Entgegenkommen von seiten des Gemeinderats resp. der gemeinderätlichen Bauabteilung, im Falle des Beharrens an eine Ausdehnung der Bahn nicht zu denken sei.

Hienach blieb die Sache bis auf weiteres beruhen.

Am 28. Februar 1881 stellte die Direktion der Gesellschaft das Gesuch zur Belebung und Hebung des Stadtverkehrs 3 Ausweichestellen an geeigneten Plätzen des Schienengeleises, nämlich in der Hauptstätter-, Tübinger- und Königsstraße anbringen zu dürfen, wodurch das Befahren der Bahn vom Archiv aus durch die Stadt in beiderlei Richtungen ermöglicht werden sollte, außerdem wurde auch die Genehmigung zur Fortführung des schon früher geplanten Geleises von der Planie abwärts durch die Königsstraße, jedoch nur bis an die untere Ecke des Königsbaues wieder zur Sprache gebracht, und es wünschte die Gesellschaft, diese Arbeiten noch vor Eröffnung der Landesgewerbeausstellung fertigstellen zu können.

Die städtischen Behörden haben das Einbringen der 3 Weichen, sowie die Verlängerung des Geleises in der Königsstraße unter Feststellung geeigneter Bedingungen nicht beanstandet, wie solches aus dem Protokollauszuge über die hierüber stattgehabten Verhandlungen am 29. und 31. März 1881 sowie vom 7. April 1881 ersichtlich ist, und es hat sich die Direktion der Pferdeeisenbahngesellschaft laut Zuschrift an den Gemeinderat vom 18.—22. April zur Annahme der gestellten Bedingungen bereit erklärt.

Hierauf wurden die sämtlichen Akten und Plane den 25. April der K. Stadtdirektion mit der Bitte um Vorlage an das K. Ministerium des Innern übergeben.

Die K. Bau- und Gartendirektion hat auf Ansuchen der Pferdebahngesellschaft in einer Zuschrift vom 29. April an die K. Stadtdirektion sich dahin ausgesprochen, daß die Fortsetzung der Pferdebahngeleise vom Westende der Planie bis zur Schloßstraße für die Zivilistenverwaltung im höchsten Grad unbequem wäre und bemerkt, daß eine Abzweigung der Bahn von der Planie nach der Schloßstraße auf dem Krongutseigentum voraussichtlich nicht werde gestattet werden.

Unter Hinweis auf diese Erklärung und auf den weiteren Umstand, daß die Anlage einer Weiche vor dem Prinzenpalais in der Königsstraße wegen des bedeutenden Verkehrs an dieser Stelle unzulässig erscheine, ist die Abteilung des K. Ministeriums des Innern für den Straßen- und Wasserbau in ihrem Bericht an das K. Ministerium vom 21. Mai 1881 zu dem Antrag gekommen, es könne wohl die Ausdehnung des Schienengeleises bis zur unteren Ecke des Königsbaues zur Zeit nicht weiter in Frage kommen.

Die Anlage der beiden Ausweichstellen in der Hauptstätter- und Tübingerstraße wurde nicht beanstandet, diejenige in der Königsstraße dagegen wurde bei dem damaligen Zustande der Einmündung der Schulstraße und bei dem bedeutenden Verkehr, welcher wegen der Mulde gegen die Schulstraße auf diejenige Seite der Fahrbahn in der Königsstraße angewiesen ist, woselbst die Ausweichstelle angelegt werden soll, zumal vor einem öffentlichen Gebäude für unzulässig erachtet und noch beigefügt, daß mit dem Wegfall dieser Ausweichstelle auch die beiden andern Ausweichstellen hinfällig werden.

Das K. Ministerium des Innern hat durch Erlaß vom 1. Juni 1881 Nr. 4 143 dem Antrag ihrer Abteilung gemäß entschieden, und so blieb das Pferdebahnnetz in seinem früheren Stand, d. h. ohne Ausweichstellen und ohne die gewünschte Fortsetzung.

In einer Zuschrift der Pferdebahndirektion an den Gemeinderat vom 17. März 1882 wurde hervorgehoben, daß von dem Aufsichtsrat nach eingehender Beratung über die Geschäftslage seines Verkehrsinstituts überhaupt, und des im abgelaufenen Jahr trotz der zulässig größten Sparsamkeit in allen Zweigen des Unternehmens abermals zurückgegangenen Betriebsresultats, die Errichtung der längst projektierten Ausweichestellen wiederum als notwendig erkannt worden sei, und es ist unter Hinweisung auf das diesbezügliche Gesuch vom vorigen Jahr um die Genehmigung der drei Ausweichestellen mit dem Anfügen dringend gebeten worden, daß von der Fortsetzung der Bahn bis zur unteren Ecke des Königsbaues im Hinblick auf die Beanstandung seitens der K. Bau- und Gartendirektion und von der Anlage einer Ausweichstelle auf der Planie und einer solchen gegen den Bazar vorerst ganz abgesehen werde.

Dieses Gesuch ist vom Gemeinderat unter den beantragten Vorschriften gutgeheißen und die K. Stadtdirektion gebeten worden, dasselbe dem K. Ministerium des Innern vorzulegen (vergl. Beschluß des Gemeinderats vom 30. März 1882 § 330), welches dann auch die Genehmigung der Anlage der Weichen mit einigen unwesentlichen Änderungen bezüglich ihrer Situation durch Erlaß vom 19. Mai 1882 ausgesprochen hat. Wegen Änderung an der Fahrbahn und den Trottoirs der Tübingerstraße, hat sich aber die Ausführung bis zum Oktober 1882 verzögert, so daß erst von dieser Zeit an auch die Stadtfahrten vom Archiv stadteinwärts in beiderlei Richtungen vorgenommen werden konnten.

(Leider hat sich aber die durch das Einlegen der Weichen erhoffte Verkehrsbelebung, bis jetzt wenigstens, nicht in merkbarer Weise verwirklicht.)

Nach einer Pause von 9 Monaten wurde die Erweiterung der Pferdebahngeleise von Herrn Direktor v. Keßler in Eßlingen dadurch wieder angeregt, daß er am 5. August 1883 unter Anschluß einer Planskizze die Abgabe einer technischen Äußerung über die Erstellung eines Pferdebahngeleises im Anschluß an die projektierte Zahnradbahn Stuttgart-Degerloch durch die Kolb-, Hauptstätter-, Böblinger-, Paulinen-, Silberburg- und Schloßstraße bis zur Friedrichsstraße wünschte, welches dann auch am 3. September 1883 geliefert wurde.

Die gemeinderätliche Bauabteilung erklärte in dem Protokollauszug vom 18. September 1883 § 1975, daß die Verbindung des Pferdebahnnetzes mit der projektierten Zahnradbahn von seiten der Gemeindebehörden, vorbehältlich der noch festzustellenden Bedingungen voraussichtlich keinen Anstand finden werde 2c.

Nach einer mit der Pferdeeisenbahngesellschaft stattgefundenen Verhandlung teilte Herr v. Keßler mit, daß die genannte Gesellschaft es abgelehnt habe, die von ihm beantragte Strecke durch die oben genannten Straßen zu bauen, jedoch bereit sei, den Anschluß an den Bahnhof der Zahnradbahn von der Tübingerstraße ab, sowie die Strecke abzweigend von der Planie und im Anschluß an die Königsstraßenlinie bis unterhalb des Königsbaues auszuführen.

Die Bauabteilung hat von diesem Schreiben mit dem Anfügen Kenntnis genommen, daß die weiteren Gesuche der Pferdebahngesellschaft abzuwarten seien (siehe Protokollauszug vom 16. Oktober 1883).

Es ist sodann unter Anschluß von Planen ein Gesuch von der genannten Gesellschaft am 23. November dem Gemeinderat zugekommen, laut welchem der Aufsichtsrat einstimmig beschlossen hat, eine direkte Schienenverbindung mit dem Zahnradbahnhof an der Hauptstätterstraße einerseits und mit dem Hauptbahnhof der K. Staatseisenbahn andererseits in folgender Weise herzustellen:

a) von der Tübingerstraße abzweigend in die Böblingerstraße mit Fortsetzung bis zum Zahnradbahnhof,

b) von der Königsstraße oberhalb der Planie abzweigend mit Fortsetzung bis unterhalb des Königsbaus.

Im weiteren ist bemerkt, daß jedenfalls ein bewährtes Schienensystem neuester Konstruktion in Anwendung komme, und daß vom Betrieb dieser neuen Linien im Anschluß an die bestehenden Pferdebahnlinien eine Hebung und größere Belebung des Verkehrs erhofft und zugleich dem allgemeinen Verlangen nach Ausdehnung des Pferdebahnnetzes Rechnung getragen werde. Auch sei wegen der Geleiseabzweigung auf der Planie ein besonderes Gesuch an die K. Bau- und Gartendirektion eingereicht worden.

Die städtische Straßenbauinspektion hat anläßlich dieses Gesuchs am 25. Januar 1884 ein technisches Gutachten abgegeben, in welchem neben der Situierung der neuen Linien auch verschiedene Oberbausysteme und weitere Konzessionsbedingungen des näheren erörtert wurden.

Bei Beratung dieses Gegenstandes durch die gemeinderätliche Bauabteilung vom 11. Februar 1884 hat dieselbe in Betreff des Vorhabens der Pferdebahngesellschaft erklärt, daß eine Verbindung des Pferdebahnnetzes mit der projektierten Zahnradbahn sehr zweckmäßig und wünschenswert erscheine und deshalb thunlichste Förderung verdiene.

Ebenso sei die Fortsetzung der Pferdebahnlinie von der Planie bis an den Bahnhof in der Schloßstraße von großer Wichtigkeit, indem kein Teil der ganzen Pferdeeisenbahn auf deren Frequenz so sehr einwirke, als diese Strecke, für welche jetzt die Erlaubnis zur Anlegung ausgewirkt werden wolle.

Der Gemeinderat hat sich dem Antrag der Bauabteilung im wesentlichen angeschlossen und neben einigen weniger wichtigen Punkten noch den Antrag gestellt, daß von seiner Seite gewünscht werde, es möchte in thunlichst kurzer Zeit eine Verbindung mit Heslach hergestellt werden.

Auf die Mitteilung der vorstehenden Aktenstücke an die Direktion der Pferdebahngesellschaft hat diese in einer Zuschrift an den Gemeinderat vom 20. April 1884 erwidert, daß ihr eingereichtes Gesuch um die Erlaubnis zu der mehr erwähnten Abzweigung an der Planie behufs Anschluß an das zu erstellende Geleise in der Königsstraße abermals abschlägig beschieden worden sei, es könne somit, da diese Abzweigung absolut notwendig sei, an eine naturgemäße Fortsetzung des Geleises in der Königsstraße abwärts nicht gedacht werden.

In Betreff der Verbindung mit der Zahnradbahn ist gesagt, es habe der Bahnhof der Zahnradbahn eine andere Lage erhalten als früher projektiert gewesen sei, wodurch der unmittelbare Anschluß, der bis zur alten Weinsteige führt, erheblich erschwert und verteuert werde. (Dieses ist richtig, denn ursprünglich war beabsichtigt, diesen Bahnhof in die Hauptstätterstraße herein neben das Anwesen des Zimmermeisters Weiß zu legen, während er jetzt an der Filderstraße am Fuße der alten Weinsteig etwa 260 m weiter auswärts liegt).

Bei der ursprünglich beabsichtigten Situierung dieses Bahnhofs wäre die Anfahrt der Pferdebahnwagen in der nahezu horizontal liegenden Hauptstätterstraße sehr leicht gewesen, während bei dessen jetziger Lage noch die Kolbstraße mit einer Steigung von nahezu 6% zu durchfahren sei. Infolge dessen seien für die Fertigstellung der Zufahrtsstraße noch Verhandlungen bedingt, deren Abschluß in unabsehbare Ferne gerückt sei.

Um aber eine Verbindung mit der Zahnradbahn, wenn auch nicht in ganz unmittelbarer Weise, doch herbeizuführen und zugleich dem Wunsch einer Fortsetzung der Bahn nach Heslach zu entsprechen, hat der Aufsichtsrat sein Gesuch dahin modifiziert, daß er um die Erlaubnis zum Bau der Heslacher Linie gebeten hat und zwar abzweigend von der Tübingerstraße, bei der Einmündung der Paulinenstraße, durch die Böblingerstraße bis zur Fangelsbachstraße und in dieser sowie in der Hauptstätter- und Heslacherstraße weiterführend bis zum Waaghäuschen zwischen der Eier- und Schreiberstraße in Heslach.

Die Bauabteilung hat dieses Gesuch am 19. Mai 1884 in vorläufige Beratung gezogen und war einstimmig der Ansicht, daß mit dieser Ausdehnung des Pferdebahnnetzes dem Verkehrsbedürfnis nicht genügt sei. Eine direkte Verbindung mit dem Zahnradbahnhof an der Filderstraße sollte unter allen Umständen geschaffen werden.

Hinsichtlich der Fortführung der Pferdebahn bis zum Staatsbahnhof an der Schloßstraße solle nochmals der Versuch gemacht werden, die Erlaubnis zur Abzweigung oberhalb der Planie zu erlangen.

Bevor ein Beschluß über das vorliegende Gesuch der Pferdeeisenbahngesellschaft gefaßt wurde, ist für angezeigt erachtet worden, an den Unternehmer der im Bau begriffenen Zahnradbahn Stuttgart-Degerloch die Anfrage zu richten, ob derselbe nicht in der Lage sei, einen den Verkehrsbedürfnissen mehr entsprechenden Vorschlag hinsichtlich des Pferdebahnnetzes zu machen.

Da aber die Verwaltung der genannten Bahn mittelst Schreiben vom 12. Juni erklärt hat, daß sie derzeit nicht in der Lage sei, entsprechende Vorschläge zu machen, so wurde von der Bauabteilung beschlossen, das Gesuch der Pferdebahngesellschaft, so wie dasselbe angebracht ist, derzeit abzulehnen, und es ist der Gemeinderat diesem Antrag beigetreten (siehe Protokoll vom 29. und 31. Juli 1884).

Hier ist nun in Betreff der Linie Stuttgart-Heslach der Vollständigkeit wegen und zur Begründung dieses ablehnenden Beschlusses auf eine inzwischen mit 174 Unterschriften versehene Eingabe von Bewohnern der Vorstadt Heslach, datiert vom 2. Juli 1884 hinzuweisen, in welcher hervorgehoben ist: daß, als im vergangenen Jahr die Pferdeeisenbahngesellschaft ihre Omnibusfahrten einstellte, eine größere Anzahl Heslacher Einwohner zusammengetreten sei, um eine andere für den Verkehr der Vorstadt mit der Hauptstadt dringend notwendige Fahrverbindung zu schaffen. Dieselbe habe in dem Leihstallbesitzer Kurtz einen passenden Unternehmer für diese Fahrten gefunden, und damit Herr Kurtz das mit dem Unternehmen verknüpfte Risiko nicht allein zu tragen habe — einen Garantiefond von 1700 ℳ auf 2 Jahre gezeichnet. Das Unternehmen habe bis jetzt in sehr erfreulicher Weise prosperiert, entspreche allen billigen Anforderungen und geht nun das Gesuch dahin:

1. entweder der Pferdebahngesellschaft die nachgesuchte Konzession, ein Schienengeleise bis zur Schreiberstraße oder einer Teilstrecke davon legen zu dürfen, nicht erteilen zu wollen, und den Kurtz'schen Omnibus bis auf weiteres bestehen zu lassen, oder
2. wenn dieses nicht beliebt werden sollte, die Erteilung der Konzession an folgende Bedingungen zu knüpfen:
   a) Legung des Schienengeleises bis zum Schmied Fritz'schen Hause an der Abzweigung der Hasenstraße.
   b) Ausdrückliche Verpflichtung zu regelmäßigen Fahrten, wie sie der Kurtz'sche Omnibus bis jetzt ausgeführt hat.
   c) Ermäßigung des Fahrpreises auf 10 ₰ für die Person und Abonnements für Schulkinder zu 3 ℳ pro Monat wie bisher.
   d) Entschädigung des Herrn Kurtz von seiten der Pferdebahngesellschaft resp. Ablösung des bestehenden Garantiefonds.

Es wurde nun von der Bauabteilung aus Anlaß dieses Gesuchs in die Beratung des oben schon erwähnten Gesuchs der Pferdebahngesellschaft vom 20. April eingetreten und darauf hingewiesen, daß die letztere von dem früheren Projekt einer direkten Verbindung des Pferdebahnnetzes mit dem Zahnradbahnhof einerseits, und mit dem Staatsbahnhof andererseits gänzlich abgekommen sei, obgleich seinerzeit von der Direktion geäußert wurde, daß die Gesellschaft beabsichtige, das Schienengeleise in der Königsstraße bis zum Bahnhof auch dann zur Ausführung bringen zu wollen, wenn ihr die bogenförmige Abzweigung auf der Planie seitens der K. Zivillisteverwaltung nicht gestattet werden sollte.

Die Bauabteilung war nun der Ansicht, daß eine Linie, die nur von der Tübingerstraße bis zur Schreiberstraße führt, dem Verkehrsbedürfnisse in keiner Weise entspreche.

Die Bewohner der Vorstadt Heslach heben in der Eingabe mit Recht hervor, daß durch die Konzessionierung einer nur bis an den Anfang von Heslach sich erstreckenden Pferdebahnlinie das schon bestehende und zu aller Zufriedenheit funktionierende Institut der Omnibusfahrten beeinträchtigt würde, ohne daß etwas Vollkommenes an dessen Stelle gesetzt wäre.

Es müßte auch als eine Unbilligkeit erscheinen, wenn — ein früher von der Pferdebahngesellschaft aufgegebenes, hernach von Einwohnern Heslachs wieder aufgenommenes — Unternehmen lahm gelegt würde.

Es hat die Bauabteilung dann im weiteren noch hervorgehoben, sie habe durchaus nicht die Absicht, einer Erweiterung des Pferdebahnnetzes entgegenzutreten, sie würde vielmehr es gerne sehen, wenn eine direkte Verbindung desselben mit dem Zahnradbahnhof und dem Staatsbahnhof hergestellt würde. In der Eingabe der Pferdebahngesellschaft sei auch nicht gesagt, ob es nicht möglich wäre, auf anderem Wege als über die Planie die Verbindung mit dem Hauptbahnhof in der Schloßstraße zur Ausführung zu bringen. Ein jedes dahin zielende Gesuch hätte thunlichste Förderung seitens der städtischen Behörde zu erwarten, aber die Erteilung der Konzession für eine Strecke, die ein unvollkommenes Teilstück bleibe, erscheine nicht geeignet und auch nicht im Interesse der Pferdebahngesellschaft gelegen.

Auf diese, der Pferdebahndirektion am 6. August mitgeteilten Entscheidung, ist eine Antwort an den Gemeinderat nicht erfolgt, so daß es den Anschein hatte, die so wünschenswerte Fortsetzung unserer Pferdebahnlinien werde nicht sobald ins Leben treten.

Nachdem schon Veranlassung war, die Omnibusfahrten nach Heslach zu erwähnen, so dürfte hier eine passende Gelegenheit sein, sämtliche oben schon erwähnte Linien, die gegenwärtig mit Omnibusen befahren werden, des näheren hier noch aufzuführen.

1. Die Linie von der Tübingerstraße durch die Böblinger- und Heslacherstraße nach Heslach bis zum Fritz'schen Hause am sogenannten Marktplatz, 1950 m lang, wurde von der Pferdeeisenbahngesellschaft den 20. Mai 1877 eröffnet und am 31. August 1883 eingestellt, am 1. Dezember 1883 aber von Leihstallbesitzer Kurtz wieder eröffnet.

2. Von demselben wurde auch die Linie vom Pragfriedhof durch die Bahnhof-, Friedrichs-, Kronprinz-, Post- und Rothebühlstraße bis zur Schwabstraße mit 3650 m Länge den 31. Juli 1884 in Betrieb gesetzt. (Verbindung des nordwestlichen Stadtteils mit der Praggegend).

3. Die Pferdeeisenbahngesellschaft hat ferner am 22. August 1884 die Linie vom Staatsbahnhof durch die Königs-, Tübinger-, Böblinger- und Kolbstraße bis zum Zahnradbahnhof mit 2230 m Länge, und

4. am 28. Februar 1885 die Linie von der Planie am oberen Ende des Kgl. Schloßplatzes durch die untere Königsstraße, Ludwigsburger- und Friedhofstraße bis zum Pragfriedhof mit einer Länge von 2300 m eröffnet. Die jüngste Linie, welche eine Verbindung des südöstlichen mit dem nordwestlichen und südwestlichen Stadtteil bezweckt, wurde von Kutscher Mahlenbrei und Genossen am 1. März 1885 eröffnet. Die Wagen fahren vom Aktiengarten (Wilhelmsthorplatz) durch die Olga- und Charlottenstraße über die Planie 2c. bis zur Gewerbehalle, dann durch die Militär- und Silberburgstraße bis zum Silberburggarten mit einer Gesamtlänge von 3900 m. Ungeachtet der sehr ungleichen Länge ist der Fahrpreis für alle diese Linien 10 ₰.

Am 29. Dezember 1884, also nicht ganz 5 Monate nach Abbruch der Verhandlungen mit der Pferdeeisenbahngesellschaft, erhielt der Gemeinderat von einer andern Firma, nämlich von den Herren Heinrich Mayer und E. Lipken (letzterer ein in Straßenbahnangelegenheiten bewanderter Ingenieur) unter Anschluß einer Planskizze eine Zuschrift, in welcher die Genannten erklären, sie beabsichtigen die Bauausführung einer Nordwest-Trambahn, von der Reuchlin- durch die Rothebühl-Calwer- und Kanzleistraße bis zur Königsstraße und von da durch die Kanzleistraße zurück in die Friedrichs-, Kriegsberg- und die Bahnhofstraße bis zum Pragfriedhof mit einer Länge von 3,5 Kilometer zu bewirken, und bitten ihnen hiezu, wie auch zum Betrieb vorgenannter Linie mittelst Pferden die Konzession erteilen zu wollen.

Im weiteren ist noch gesagt, es sei behufs leichteren Durchfahrens der Curven eine Spurweite von 1,0 m (die der bestehenden Bahn hat die sogenannte Normalspurweite mit 1,435 m) beabsichtigt, auch sollen so viele Ausweichstellen angeordnet werden, daß eventuell ein 5 Minutenbetrieb möglich werde, wogegen für gewöhnlich ein 10 Minutenbetrieb während 16 Tagesstunden mittelst 7 Wagen vorgesehen sei.

An Fahrtaxen soll erhoben werden:

Reuchlinsstraße, Kriegsbergstraße	. . . .	10 Pf.,
„ Pragfriedhof	. . . .	15 Pf.,
Alter Postplatz, Pragfriedhof	. . . .	10 Pf.,
Pragfriedhof, Reuchlinsstraße	. . . .	15 Pf.,
Kriegsberg, Reuchlinsstraße	. . . . . .	10 Pf.

Abonnementsbillets für die ganze Strecke giltig sollen zu 50 Stück à 10 Pfennig ausgegeben werden.

Zur Sicherung eines pünktlichen Verkehrs werden Haltstellen errichtet und dieselben durch Tafeln bezeichnet.

Ferner sollen die Wagen nur von einer bestimmten Anzahl Personen besetzt und die Signale durch Glocken gegeben werden.

Die Konzession ist auf die Dauer von 40 Jahren beantragt, und mit Rücksicht auf den immerhin nur schwachen Verkehr vorausgesetzt, daß von seiten des Gemeinderats die Erteilung derselben ohne Auferlegung besonderer Lasten, welche das Unternehmen in seinem Bestande gefährden, ausgesprochen werde, damit die Anlage in jeder Hinsicht so hergestellt und unterhalten werden könne, wie es die öffentlichen Verkehrsinteressen verlangen.

Im Anschluß an dieses Gesuch hat die genannte Firma durch Schreiben vom 2. Januar 1885 dem Gemeinderat mitgeteilt, daß das zum Bau und Betrieb erforderliche Kapital vorhanden und sie auch bereit sei, eventuell eine der Größe des Unternehmens entsprechende Kaution zu leisten, um deren Rückgabe nach der Betriebseröffnung gebeten wird.

Ferner wird die Bitte gestellt mit Rücksicht auf die erforderlichen großen Mittel, die Uebertragung der Konzession an eine Aktiengesellschaft genehmigen zu wollen. Am Schlusse dieser Zuschrift ist dann gesagt, der Gemeinderat dürfte es wohl billigen, daß die weiter für die Entwicklung des betreffenden Stadtteils rationellste Linie zweckmäßig erst einige Zeit nach Eröffnung der Linie Pragfriedhof—Reuchlinsstraße zur Erörterung und Feststellung kommen könne.

Es handelt sich also hier nicht um die Fortsetzungen der bestehenden Linie, welche früher beabsichtigt waren, sondern um die Erstellung einer Pferdebahn in einem Stadtteil, der seither nicht mit einer solchen versehen war, und es soll diese Bahn keinen unmittelbaren Anschluß an die bestehende Bahn erhalten, sondern als eine für sich bestehende Bahn selbständig gebaut und betrieben werden, auch außerdem noch eine andere Spurweite erhalten, als die der bestehenden Linie, welch letzterer Umstand die Lösung der Frage über die weitere Entwicklung der Bahnen in unserer Stadt für fernere Zeiten ganz wesentlich erschwert und deshalb die reiflichste Erwägung erfordert.

Als der Aufsichtsrat der Stuttgarter Pferdeeisenbahngesellschaft in Erfahrung gebracht hatte, daß eine andere Firma das oben bezeichnete Projekt eingereicht habe, richtete derselbe am 18. Februar 1885 eine Zuschrift an den Gemeinderat, in welcher darauf hingewiesen ist, daß zwei Pferdebahngesellschaften in einem so engen Verkehrsgebiet wie das hiesige mit den Nachteilen einer getrennten Verwaltung auf die Dauer nicht in ersprießlicher Weise wirken können, daß die bestehende Gesellschaft, welche als eine der ersten in Deutschland ins Leben getreten sei und schon dadurch genötigt war, große Opfer sowohl bei der Herstellung der Bahn als während der ganzen Betriebsdauer zu bringen, schon aus Gründen der Billigkeit einen Anspruch darauf habe, bei Konzessionierung neuer Linien bevorzugt zu werden, und schließlich im Hinblick darauf, daß die Gesellschaft damit umgehe, ihre Statuten abzuändern, um dadurch aktionsfähiger zu werden, glaube der Aufsichtsrat, sowohl im Interesse der Stadt als auch der Gesellschaft zu handeln, wenn er bitte, Verhandlungen über das Eingangs erwähnte Projekt vorerst noch zu unterlassen.

Dagegen erklärt sich der Aufsichtsrat bereit, unter näher zu vereinbarenden Bedingungen, wozu namentlich auch eine entsprechende Zeitdauer der Konzession der neuen Linien und eine damit in Uebereinstimmung zu bringende Verlängerung für die bestehende Linie vorausgesetzt werde, das jetzige Pferdebahnnetz zunächst in folgender Weise auszudehnen:

a) die Herstellung der von anderer Seite projektierten Linie Rothebühlstraße—Pragfriedhof, eventuell hinüber bis zum englischen Garten,

b) die Erbauung der Linie von der Tübingerstraße abzweigend durch die Böblingerstraße nach Heslach bis zum Fritz'schen Hause mit eventueller Abzweigung zum Bahnhof der Filderbahn,

c) Fortsetzung der Bahn in der Königsstraße bis zum Staatsbahnhof unter gleichzeitiger Abzweigung oberhalb der Planie; doch hänge die Ausführung dieser Strecke von den Beschlüssen der Generalversammlung ab.

Der Aufsichtsrat werde, sofern die Vereinbarungen mit dem Gemeinderat erzielt werden, alle Anstrengungen machen, um die beabsichtigte Erweiterung des Bahnnetzes zur Ausführung zu bringen und hofft, daß diese Eingabe bei geneigter Berücksichtigung die verdiente Würdigung finden werde.

Es hat somit in dieser Zuschrift der Aufsichtsrat die Erweiterung der bestehenden Geleiseanlage in derjenigen Ausdehnung zugesichert, wie sie von den bürgerlichen Kollegien am 29. Juli 1884 verlangt wurde.

Da es sich bei der Ausführung der Bahnstrecke Reuchlinsstraße—Pragfriedhof um eine Entschädigung des Leihstallbesitzers Kurtz handelt, dessen Omnibusfahrten durch die Erbauung dieser Linie in Wegfall kommen, so hat die Firma Mayer u. Lipken in einer Zuschrift an den Gemeinderat vom 20. März 1885 erklärt, daß sie sich verbindlich mache, aus Billigkeitsrücksichten in eine Entschädigungspflicht für ꝛc. Kurtz einzuwilligen, falls eine solche in einer entsprechenden Höhe von dem Gemeinderat anerkannt werden sollte.

Sodann wurde ein von ꝛc. Lipken gefertigter Entwurf der Bedingungen für die Erteilung der Konzession der Strecke Reuchlinsstraße—Pragfriedhof zwischen der Stadtgemeinde Stuttgart und der Firma Mayer-Lipken mit 39 Paragraphen vorgelegt, und ein weiterer Entwurf für eine Uebereinkunft, betreffend die Anlage derselben Pferdebahnlinie, wurde mit Zugrundlegung der von der Stadtgemeinde Mainz aufgestellten Bedingungen von Stadtbaurat Kaiser gefertigt.

Die Bauabteilung hat am 26. Mai diese Angelegenheit wiederholt in Beratung gezogen, wobei vom Herrn Oberbürgermeister bemerkt wurde, es werde sich noch nicht davon handeln können, Vertragsbedingungen aufzustellen, und auch noch nicht davon, über die Frage zu entscheiden, welcher der beiden Gesellschaften die Konzession zu erteilen sei. Vielmehr werde nach seiner Ansicht die Vorlage noch der Bearbeitung und Aufklärung in zwei Punkten bedürfen und zwar:

1. Vermisse er die Herstellung eines Geleises vom Güterbahnhof durch die Kriegsbergstraße zur Gewerbehalle.

Bekanntlich sei das von der Stuttgarter Industrie- und Handelsbörse an die Königl. Eisenbahnverwaltung gerichtete Gesuch um Anlegung einer Schienenverbindung zwischen dem Güterbahnhof und der Gewerbehalle nach Erlaß der Königl. Generaldirektion der Staatseisenbahnen vom 18. Februar 1882 abgelehnt worden. Der Ausschuß der Industrie- und Handelsbörse habe in einer Eingabe vom 28. Februar 1885 an den Gemeinderat die Bitte gestellt, es möchte diese Schienenverbindung nicht außer Acht gelassen werden, wenn es sich darum handle, etwaige weitere Konzessionierungen von Pferdebahnlinien zu erteilen.

Auch die Gewerbeabteilung des Gemeinderats habe wiederholt die Herstellung eines Schienengeleises zur Gewerbehalle als sehr wünschenswert bezeichnet.

Die Sache sei technisch bearbeitet, Plane und Kostenüberschlag liegen vor. Es werde sich weiter empfehlen, auch das Schlachthaus hereinzuziehen. Der Ausschuß der Schlachthausgesellschaft habe schon wiederholt angedeutet, daß derselbe zu einem Kostenbeitrag bereit wäre, wenn die Schienenverbindung bis zum Schlachthaus fortgeführt würde. Das wäre der eine Punkt, der noch in Behandlung genommen und mit der Frage der Konzessionierung der Pferdebahnlinie in Verbindung gebracht werden müßte.

Ein zweiter Punkt sei die Frage der Spurweite. Lipken habe wiederholt erklärt, seine ganze Kalkulation beruhe auf 1 m Spurweite, während die bestehenden Bahnlinien 1,435 m Spurweite haben. Es sei dieses eine Frage, die sehr eingehend erwogen werden müsse.

Zu sagen sei im allgemeinen, daß 1 m Spurweite für die Straßen besser sei; die Anlage- und Unterhaltungskosten seien für die betreffende Gesellschaft geringer, dieselbe brauche kein so großes Anlagekapital. Auf der andern Seite stehen aber diesen Vorteilen der prinzipielle Anstand gegenüber, daß, wenn man in der Kriegsbergstraße die schmalspurige Bahn hätte, diese mit dem Geleise nicht übereinstimmen würde, welches für die Eisenbahnwagen erforderlich sei. Um nämlich die Wagen für den Güterverkehr vom Bahnhof zur Gewerbehalle und zum Schlachthaus hereinführen zu können, wozu Pferdebetrieb einzuführen wäre, werde eine normalspurige Bahn erforderlich sein. Ein Stück der Bahn in der Kriegsbergstraße hätte aber auch dem Personenverkehr für die neu zu konzessionierende Linie zu dienen. Es entstehe daher die Frage, ob in der Kriegsbergstraße nicht durch ein zweites Schienengeleise geholfen werden müsse, eine Frage, die noch weiteren Studiums bedürfe.

Für den Pferdebahnbetrieb an sich würde er zweierlei Spurweiten nicht für so gefährlich halten, da doch besondere Stallungen 2c. entweder oben bei der Rothebühlstraße oder auf der Prag anzulegen sein werden. Da aber bekanntermaßen bei derartigen Verkehrsinstituten wie Pferdebahnen das Bestreben auf Zentralisation und einheitlichen Betrieb vorhanden sei, so sollte die Möglichkeit der späteren Fusionierung beider Gesellschaften nicht für alle Zeiten ausgeschlossen werden. Es sei auch zu sagen, daß eine Gesellschaft unter Umständen in Feststellung von Fahrtaren etwas kulanter sein könne als zwei Gesellschaften, eine Gesellschaft könne den Tarif rationeller gestalten. Da nun feststehe, daß bei schmalspuriger Bahn für spätere Fusionierung große Nachteile in Hinsicht auf die Schienen und das Wagenmaterial vorhanden wären, so sollte in erster Linie die Frage klar gestellt werden, was kostet der Betrieb und die Unterhaltung der schmalspurigen Bahn gegenüber der Bahn mit Normalspurweite, welche Vorzüge hat die Einheitlichkeit der Schienengeleise und des Betriebs, und welche Nachteile haben zwei Gesellschaften mit verschiedener Spurweite. Auch sollte eine Statistik über die Spurweiten der Pferdebahnen in anderen Städten angestellt werden. In dieser Weise sollen die Gesuche vorerst behandelt werden.

Auf Grund der von Stadtbaurat Kaiser anzustellenden Berechnungen und weiteren Bearbeitung des Gegenstandes wäre sodann ein Bedingnisheft festzustellen und solches der Pferdebahngesellschaft sowie dem Heinrich Mayer und E. Lipken zur Erklärung über die Annahme der Bedingungen mitzuteilen, wobei dieselben jetzt schon darauf aufmerksam gemacht werden könnten, daß eine Schienenverbindung zwischen dem Güterbahnhof und der Gewerbehalle und dem Schlachthaus zur Bedingung der Konzession gemacht werde.

Das Resultat der Beratung war der Beschluß, die beiden Konzessionsgesuche dem Gemeinderat vorzulegen mit dem Antrag:

a) den Stadtbaurat Kaiser zu beauftragen,

1. Die Frage wegen des Schienengeleises vom Güterbahnhof zum Schlachthaus und zur Gewerbehalle näher zu bearbeiten, auch mit dem Ausschuß der Schlachthausgesellschaft wegen Beteiligung derselben an den entstehenden Kosten ins Benehmen zu treten und eine Erklärung darüber beizubringen, wie er sich zu diesem Projekt überhaupt stelle.

2. Eine Berechnung darüber anzustellen, was der Betrieb und die Unterhaltung der schmalspurigen Bahn gegenüber der normalspurigen Bahn kostet;

welchen Vorzug das einheitliche Schienengeleise und der Betrieb, und welche Nachteile zwei Gesellschaften mit verschiedener Spurweite haben,

3. von anderen Städten, wo Pferdebahnen sind, Erhebungen über die Spurweite einzuziehen,

b) den Gesuchstellern mitzuteilen, daß ihre Konzessionsgesuche in Erwägung gezogen worden seien und daß noch einige Punkte weiterer Bearbeitung bedürfen.

Man werde Ihnen seinerzeit das Bedingnisheft zustellen, mache sie aber jetzt schon darauf aufmerksam, daß die Herstellung einer Schienenverbindung vom Güterbahnhof zum Schlachthaus und zur Gewerbehalle zur Bedingung der Konzession gemacht werde.

Gegen diese Anträge der Bauabteilung hat der Gemeinderat keine Einwendung erhoben.

Im weiteren wird noch gewünscht:

a) es möchte der Gesellschaft, welche die Konzession erhält, die Auflage gemacht werden, sämtliche ihr konzessionierte Linien innerhalb eines bestimmten Zeitraums auszuführen, damit nicht bloß ein Teil ausgeführt werde,

b) man solle in Erwägung ziehen, ob nicht die gleiche Spurweite wie bei den normalspurigen Eisenbahnen einzurichten sei, um mit den Güterwagen nicht bloß bis zur Gewerbehalle, sondern auch noch weiter in die Stadt hineinfahren zu können,

c) es solle eine Zusammenkunft der Polizei- und Gewerbeabteilung stattfinden um festzustellen, welche Linien sich zur Ausführung empfehlen, namentlich mit Rücksicht auf Querverbindungen wie beispielsweise von der Hohenheimerstraße zum Herdweg 2c.

Auf die am 1. Juni erfolgte Mitteilung der obigen Beschlüsse hat der Aufsichtsrat der Pferdeeisenbahngesellschaft in einer Zuschrift vom 13. Juni geantwortet, er sehe der in Aussicht gestellten Zusendung der Bedingungen bezüglich der Erweiterung des Pferdebahnnetzes entgegen und werde alsdann weitere Beschlüsse in gegebener Zeit fassen.

Die Herren M a y e r u. L i p k e n haben am 22. Juni in einer Zuschrift an den Gemeinderat eine lange Auseinandersetzung gegeben, in welcher sie die Vorteile der Schmalspur mit 1,0 m hervorheben und die Normalspurweite von 1,435 m für die hiesigen Verhältnisse als ganz unbrauchbar erklären.

Zu begründen wird dieses dadurch gesucht, daß zum Passieren der Vollbahnwagen die Spurkranzrillen der Geleise mindestens 67 mm breit und 38 mm tief sein müssen, welche beträchtlichen Dimensionen den Verkehr mit gewöhnlichen Fuhrwerken so sehr erschweren, daß die größten Unzuträglichkeiten entstehen würden.

Da aber das Befahren der neuzulegenden Bahngeleise namentlich für den nordwestlichen Stadtteil mit Vollbahnwagen von größter Wichtigkeit sei, so schlagen sie vor sogenannte Trucks anzuwenden und haben eine Zeichnung eines solchen Trucks beigelegt.

(Eine detaillierte Beschreibung dieser Vorrichtung wird bei passender Gelegenheit später gegeben werden.)

Als weiterer Grund für die Einführung der Schmalspur wird noch hervorgehoben, daß nur Curven bis zu 150 m Halbmesser mit Vollbahnwagen befahren werden können, und daß die Anwendung von Trucks bei Normalspurweite aus verschiedenen Gründen nicht möglich sei; ferner ist gesagt, daß auch die Maße der Spurkranzrillen und die Curvenhalbmesser sowie die zweifelhafte Tragkraft der Schienen einen Verkehr mit Vollbahnwagen auf den jetzigen Pferdebahngeleisen nicht zulassen.

Es werden dann einige allgemeine Gesichtspunkte in Betreff der Herstellung eines Straßenbahnnetzes für Stuttgart angedeutet und darauf hingewiesen, daß sich der Verkehr naturgemäß in der Richtung des Thales, also von Nordost nach Südwest und umgekehrt bewege, und sei deshalb vor allem erforderlich in dieser Richtung Schienengeleise einzulegen.

Der Hauptbahnhof an der Schloßstraße liege auf der Grenze der beiden Stadthälften, welche durch den Königl. Schloßgarten, die Königs-, Marien- und Reinsburgstraße gebildet werde. Von hier aus führen vier Hauptverkehrsadern durch die Stadt, nämlich nach Berg—Cannstatt, Pragfriedhof, Hasenberg und Heslach, welche Punkte bei einer späteren Straßenbahnanlage mit dem Hauptbahnhof und unter sich in direkter Verbindung stehen müßten; an dem Hauptbahnhof könne dann der Uebergang von einer Linie auf die andere ermöglicht werden, und könne dieses am leichtesten geschehen, wenn jede Stadthälfte ihre eigene Bahnlinie habe.

Die südöstliche Linie würde von Cannstatt—Berg ausgehen, die Richtung der bestehenden Bahn bis zur Königsstraße einhalten, dann aber rechts abbiegen bis zur Schloßstraße und in dieser bis zum Bahnhof hinaufführen. Von hier aus würde der Weg bis zur Königsstraße zurückgemacht durch die Königsstraße, Tübinger- und Böblingerstraße nach Heslach und durch die Kolb- und Heusteigstraße zum Zahnradbahnhof an der Ecke der Filderstraße gefahren. Diese Linien sollen die Hauptlinien der Stuttgarter Pferdeeisenbahngesellschaft bilden und mit der Normalspur und dem vorhandenen rollenden Material betrieben werden.

Die nordwestliche Linie vom Pragfriedhof durch die Friedrichsstraße am Bahnhof vorüber in die Kanzleistraße führend und dort bis zur Königsstraße abbiegend soll von hier wieder durch die Kanzleistraße zurück bis zur Calwerstraße und in dieser bis zur Rothebühlstraße in der Richtung gegen den Hasenberg vorläufig bis zur Reuchlinsstraße fortgeführt werden*).

Für diese Linie mit ihren scharfen Curven und stärkeren Steigungen wäre die Adoption der Normalspur und des schweren rollenden Materials nach der Ansicht der Bittsteller ein entschiedener Mißgriff, dessen unangenehme Folgen sich sehr bald merklich machen würden.

In der Folge wird dann noch hervorgehoben, daß alle neueren Straßenbahnen in coupiertem Terrain, welche ihre Personenwagen nicht direkt auf normalspurige Bahnen übergehen lassen müssen, heutigen Tags die schmale Spurweite erhalten und wird eine Anzahl Städte genannt, bei welchen die günstigsten Erfahrungen gemacht worden seien; auch der Verein deutscher Eisenbahnverwaltungen habe schon im Jahre 1882 die Wahl der Normalspur für eine große Mehrzahl der bestehenden Straßenbahnen für keine glückliche bezeichnet und es entspreche deshalb gewiß nicht den ungünstigen Verhältnissen unserer Straßen gerade dieser Spurweite den Vorzug einzuräumen, besonders deshalb nicht, weil es dem Publikum vollständig gleich sein könne, wenn es doch einmal umsteigen müsse, ob dieses Umsteigen in einen normal- oder in einen schmalspurigen Wagen geschehe.

Wie schwierig der Betrieb der für den nordwestlichen Stadtteil projektierten Linien mit Normalspurweite und dem vorhandenen rollenden Material der Pferdeeisenbahngesellschaft werden würde, lasse sich aus dem derzeitigen Betrieb der weniger ansteigenden Linie ermessen, wo trotz Vorspann die Pferde alle ihre Kräfte anspannen müssen, um die Wagen hinaufzubringen.

*) Nach dem neuesten Gesuch Lipkens soll die Linie von der Friedrichsstraße aus durch die Fürstenstraße in die Königsstraße und von dieser durch die Kanzleistraße in die Calwer- und Rothebühlstraße bis zur Schwabstraße geführt, und außerdem vor dem Königsbau eine Zentralstation angelegt werden. Die Länge dieser Linie beträgt 4,0 km.

Am Schlusse ist noch gesagt, daß auch bei Anwendung der Schmalspur eine Ueberführung der Vollbahngüterwagen nach dem westlichen Stadtteil geschehen könne, und daß die Möglichkeit einer Fortsetzung des Geleises bis zur Hasenbergstation trotz der starken Steigung nicht ganz ausgeschlossen sein dürfte und in Erwägung dessen, sowie mit Rücksicht auf das vorher gesagte, bitten sie in derselben Weise, wie in dem früheren Gesuche nochmals um Erteilung der Konzession für den Bau und Betrieb der Nord-West-Trambahn.

Das Ende der bis jetzt angelaufenen Aktenstücke bildet eine mit nahezu 1100 Unterschriften versehene Zuschrift an den Gemeinderat vom 1. Juli 1885.

In derselben wird darauf hingewiesen, daß von den beiden Gesuchen bezüglich Konzessionierung einer neuen Pferdebahn für den nordwestlichen Stadtteil dasjenige der hiesigen Pferdeeisenbahngesellschaft erst dann eingereicht worden sei, nach dem die Initiative von anderer Seite ausgegangen und dadurch die genannte Gesellschaft in eine Zwangslage gekommen war.

Dieser Umstand in Verbindung mit der ungünstigen finanziellen Lage der Gesellschaft lasse nun befürchten, daß letztere nimmer mit Lust den Ausbau neuer Linien vornehmen werde, daß also die für die ganze Stadt so wichtige Angelegenheit einer unabsehbaren Verzögerung anheimfallen werde, wenn das andere Gesuch abgelehnt würde.

Auch bleibe zu gewärtigen, daß die Aktionäre der Stuttgarter Pferdeeisenbahngesellschaft gegen den Aufsichtsrat Stellung nehmen werden, falls sich zuverlässig ergäbe, daß dessen Gesuch ernstlich gemeint sei, da ein aus der Mitte der Aktionäre bei der letzten Generalversammlung hervorgegangener Meinungsaustausch zur Evidenz klar gestellt habe, daß die Aktionäre erst dann ein Eingehen auf neue Plane gut heißen werden, wenn das bisherige Unternehmen allen berechtigten Wünschen genüge, und zweifellos dauernden Gewinn verspreche. Es könnte aber dabei der für die fortschreitende Entwicklung der Stadt höchst mißliche Fall eintreten, daß der Zweck, welcher den Aufsichtsrat bei Einreichung des Gesuches scheinbar leitete, erreicht würde, daß also die, der Pferdeeisenbahngesellschaft drohende Konkurrenz als abgeschüttelt sich erweise und weiterhin alles beim alten bleibe.

Letzteres würden die Unterzeichner der Zuschrift im Interesse der Hebung des ganzen städtischen Lebens sehr bedauern und fühlen sich deshalb gedrungen, den Gemeinderat ganz ergebenst zu bitten, das vorstehende bei Beschlußfassung über die Frage der Konzessionierung geneigtest in Erwägung zu ziehen, auch die Anerkennung dem nicht versagen zu wollen, daß die Heranziehung eines Konkurrenzunternehmens unter den obwaltenden Verhältnissen vollste Beachtung verdient, damit sie nicht länger auf den guten Willen der Stuttgarter Pferdeeisenbahngesellschaft allein angewiesen, und endlich die hiesigen Verkehrsverhältnisse auf das Niveau anderer gleich bedeutender Städte gehoben sehen.

IV. Antrag für künftige Erweiterungen der bestehenden Linien.

Die in vorstehendem mehrfach erwähnten Bahnerweiterungen, nämlich:

von der Planie entlang des Königsbaues abwärts, durch die Königs- und Schloßstraße bis zum Staatsbahnhof 0,35 **km** lang, dann von der Tübingerstraße aus durch die Böblinger- und Heslacherstraße bis zu dem freien Platz an dem Schmid Fritz'schen Hause (an der Hasenstraße) mit einer Abzweigung durch die Kolbstraße bis zum Zahnradbahnhof mit 2,1 **km** Länge,

und die Erstellung der Nordwest-Trambahn vom Pragfriedhof herein durch die Bahnhof-, Kriegsberg-, Friedrichs-, Kanzlei-, Calwer- und Rothebühlstraße bis zur Reuchlinsstraße 3,635 **km** lang*),

werden kaum den derzeitigen Verkehrsbedürfnissen genügen; da aber bei derartigen Anlagen auch für die Zukunft zu sorgen ist, so müssen noch weitere Linien in Betracht gezogen werden.

Hiebei ist aber von vornherein darauf hinzuweisen, daß die Terrainverhältnisse unserer Stadt für eine gesunde Entwicklung des Bahnnetzes insofern nicht als günstige bezeichnet werden können, als die Anlage von Bahnstrecken, welche eine Verbindung des südöstlichen Stadtteils (unterhalb der Königsstraße) mit dem nordwestlichen (oberhalb der Königsstraße) bezwecken, also Linien, welche quer über die Richtung unseres Thales gehen und von Wichtigkeit sind, ziemlich schwierig ist; Straßen von genügender Breite haben zu starke Ansteigungen, und Straßen, deren Steigungsverhältnisse günstige sind, fehlt es an der erforderlichen Breite.

*) Siehe die Bemerkung Seite 28.

Es ist dieses ein Uebelstand, welcher, wie an der Hand des Stadtbauplans ersehen werden kann, schon bei dem Verkehr mit gewöhnlichen Fuhrwerken sich geltend macht.

Betrachten wir die quer und meistens rechtwinklig über unsere Thalrichtung führenden Verbindungsstraßen von unten herauf, also von der Vorstadt Berg her, so ist die erste die 17,2 m breite Retraitestraße und ihre Fortsetzung; sie führt von der untern Neckarstraße durch den Königl. Schloßgarten, in der Nähe des unteren Sees vorüber, zur Ludwigsburgerstraße und setzt sich unter dem Namen Wolframsstraße in mehrfach gebrochener Richtung unter der Cannstatter und Ludwigsburger Staatseisenbahn hindurch bis zur Bahnhofstraße fort; ihre Steigungsverhältnisse sind günstig mit Ausnahme der 360 m langen Strecke zwischen der Ludwigsburgerbahn und der letztgenannten Straße, welche mit 6 % ansteigt.

Die zweite Querverbindung ist die von der Neckarstraße aus ebenfalls durch den Königl. Schloßgarten, am oberen See vorüberführende, nahezu horizontal liegende Querstraße, welche sich durch die Marstallstraße bis zur Königsstraße fortsetzt; es hat aber die Marstallstraße nur eine geringe Breite und außerdem fehlt dieser Verbindungsstraße eine Fortsetzung sowohl über die Neckar- als Königsstraße hinaus, so daß sie von keiner Bedeutung ist.

Die dritte Verbindungsstraße bildet die von der Olgastraße ausgehende Charlottenstraße und deren Fortsetzung über den Charlottenplatz, entlang der östlichen Seite des Waisenhauses, dann über die sogenannte Planie quer über die Königsstraße in die Kanzleistraße einmündend, und dieser bis zu ihrem Endpunkt bei der Kreuzung der Kriegsbergstraße folgend.

Es ist dieses eine der wichtigsten Verbindungsstraßen mit günstigen Steigungsverhältnissen und deshalb auch ein Teil derselben, nämlich die Planie von der Neckar- bis Königsstraße schon jetzt mit einer Pferdebahn versehen.

In unmittelbarer Nähe hievon liegt die vierte Querverbindung, sie geht vom Charlottenplatz aus durch die Dorotheenstraße, an der Gemüsehalle vorüber, mündet nach Überschreitung des Stiftskirchenplatzes in die Stiftsstraße ein und setzt sich jenseits der Königsstraße durch die Lindenstraße bis zum Schlachthaus an der Hegelstraße fort.

Der erstere Teil zwischen dem Charlottenplatz und der Königsstraße ist jedoch nicht von Wichtigkeit, einerseits, weil an den Markttagen der größere Teil der Dorotheenstraße zu Marktzwecken benützt wird und deshalb Fuhrwerke nicht wohl durchkommen können, andererseits, weil die Stiftsstraße die ziemlich starke Steigung von 5 % hat; dagegen wird der zweite Teil von der Königsstraße bis zum Schlachthaus infolge seiner direkten Richtung und günstigen Gradienten stark frequentiert.

Etwas weiter südöstlich liegt ein fünfter Verbindungsweg, nämlich von der Olgastraße aus über den Katharinenplatz durch die Brunnenstraße, dann über den Leonhardsplatz durch die Marktstraße, Kirchstraße und in der vorhin genannten Stiftsstraße in die als vierte Verbindung genannte Straße nordwestlich der Königsstraße einmündend. Es ist aber dieser Verbindungsweg wegen starker Steigung des Katharinenplatzes und der geringen Breite der Markt- und Kirchstraße auch nur von untergeordneter Bedeutung.

Weiter südlich geht dann von der Olgastraße aus der sechste Verbindungsweg durch die Wilhelmsstraße über den Wilhelmsplatz, durch die Thor- und Eberhardsstraße in die Königsstraße und setzt sich nach deren Überschreitung durch die Rothebühlstraße nach Westen und Südwesten und durch die Gartenstraße und Seidenstraße nach Nordwesten bis an das Ende des Thales fort.

Ungeachtet der geringen Breite der Thorstraße und des 6prozentigen Gefälles der Wilhelmsstraße und des Wilhelmsplatzes von der Olgastraße abwärts bis zur Hauptstätterstraße wird diese Verbindung bis zur Königsstraße von Fahrenden und Fußgehenden sehr stark benützt.

Eine etwas ungünstige Partie ist die Strecke, welche die Rothebühlstraße an der östlichen Seite des alten Postplatzes vorüber mit der Gartenstraße verbindet, wegen ihrer starken Steigung und wegen der geringen Breite des untern Teils der Gartenstraße.

Dagegen bildet die Rothebühlstraße von der Königsstraße aus eine sehr frequentierte Verbindung des Zentrums der Stadt mit dem südwestlichen Stadtteil, wozu jedoch der Umstand beiträgt, daß die Richtung dieser Straße mit ihren nicht ungünstigen Gradienten der Hauptsache nach eine Längenstraße zu unserer Thalsohle darstellt.

Noch weiter südlich führt eine siebente Verbindung ebenfalls von der Olgastraße ausgehend durch die Weißenburgstraße beim Tübingerthorplatz in die Tübingerstraße herunter und findet ihre Fortsetzung von der Tübingerstraße aus in westlicher Richtung durch die Paulinen-, Herzogs- und Silberburgstraße bis an das Ende des nordwestlichen Stadtteils.

Diese Straßen mit einer Gesamtlänge von 2,5 km haben als Verbindung des südöstlichen mit dem nordwestlichen Stadtteil eine günstige Situation, dabei aber leider streckenweise sehr ungünstige Gradienten. Es fällt nämlich die Weißenburgstraße von der hochgelegenen Olgastraße bis zu der auf der Thalsohle liegenden Hauptstätterstraße mit 8% und im Maximum sogar mit 10,5% herunter, während auf der andern Seite die Paulinenstraße von der Tübingerstraße aus wieder mit 6% ansteigt. Bei dieser Sachlage wird wohl die Weißenburgstraße auf immer für die Benützung einer Straßenbahn ausgeschlossen sein.

Später wenn einmal die Wannenstraße ausgeführt sein wird, kann noch eine weitere, namentlich für die Vorstadt Heslach wichtige Verbindung vom Marienplatz aus durch die 14,3 m breite und mit 5% ansteigende Wannenstraße, einen Teil der Mörikestraße sowie einen Teil der Silberburgstraße bis zur Herzogsstraße hergestellt werden, welche weiter westlich mit der eben beschriebenen 7. Verbindung zusammentrifft.

Der von der Böblingerstraße abzweigende südliche Teil der Silberburgstraße hat zwischen der Furthbach- und Mörikestraße die starke Steigung von 9,23% und ist deshalb wie die Weißenburgstraße für die Anlage einer Straßenbahn ungeeignet.

Aus vorstehender Darstellung ist zu entnehmen, daß sich nur 3 Querverbindungen für die Anlage von Straßenbahnen eignen:

nämlich innerhalb der Stadt, von der Olgastraße ausgehend durch die Charlottenstraße über die Planie, dann durch die Kanzleistraße bis zur Kriegsbergstraße; ihre Länge beträgt 1,4 km, ihre größte Steigung vor dem Ueberschneiden der Königsstraße 3,5%, und von dem Tübingerthorplatz abzweigend durch die Paulinen-, Herzogs- und Silberburgstraße bis zur Militärstraße mit einer Länge von 1,2 km und einer Maximalsteigung von 6% zwischen der Tübinger- und Marienstraße.

Die dritte Verbindung etwas unterhalb der Stadt gelegen geht von der Neckarstraße aus durch die Retraitestraße, den Kgl. Schloßgarten und die Wolframsstraße bis zur Bahnhofstraße, ihre Länge beträgt 1,04 km, ihre größte Steigung ebenfalls 6%.

Als Linien, deren Ausführung in Bälde in Aussicht zu nehmen sind, dürfte — außer den 3 am Anfang dieses Abschnitts genannten Strecken, nämlich von der Planie entlang dem Königsbau bis zum Hauptbahnhof, die Linie nach Heslach von der Tübingerstraße aus mit Abzweigung zum

Zahnradbahnhof und die Nordwesttrambahn, Pragfriedhof, Reuchlins-(oder Schwab-)Straße folgende Linien in Betracht kommen

für den nordwestlichen Stadtteil:

1. Die Fortsetzung der Linie vom Staatsbahnhof durch die Schloßstraße bis zur Seestraße, ferner dieser bis zur Kriegsbergstraße folgend und in letzterer bis zur Hoppenlaustraße bleibend, dann durch die Militär-, Silberburg- und Herzogstraße bis zur Rothebühlstraße, wo ein Anschluß an die Nordwesttrambahnlinie stattfinden kann. Gesamtlänge 2,07 km. Durch diese Linien werden einige wichtige Plätze, nämlich der Stadtgarten, der Katharinenhospital, der Herdweg, das Schlachthaus und die Liederhalle in das Bahnnetz einbezogen.

2. Die Fortsetzung dieser Linie von der Rothebühlstraße aus in südöstlicher Richtung durch die Paulinenstraße bis zur Tübingerstraße anschließend an die dort bestehende Bahn, Länge 0,43 km.

Für den südöstlichen Stadtteil.

3. Abzweigend von der bestehenden Bahn am Charlottenplatz eine Linie durch die Charlotten- und Olgastraße vorerst bis zum Wilhelmsthorplatz mit 0,83 km Länge.

Diese 3 Linien würden somit eine Gesamtlänge von 3,33 km erhalten, so daß, wenn die 3 neuen Linien, um deren Konzessionierung bereits nachgesucht ist, mit 6,085 km hinzugerechnet werden, eine Erweiterung des bestehenden Netzes um ca. 9,400 km sich ergeben würde.

Die bis jetzt bestehenden Linien haben inkl. der Linie Berg-Cannstatt und mit Hinzurechnung des zweiten Geleises in der Neckarstraße (mit 2930 m) eine Gesamtlänge von 9,67 km und wäre somit die Länge der neuen Linien nahezu gleich der Länge der alten Linien.

Sind diese Linien ausgeführt, so wird abzuwarten sein, ob und wenn die Erstellung weiterer Bahnstrecken eine Notwendigkeit wird.

Als solche dürften etwa in Betracht kommen,

im nordwestlichen Stadtteil:

a) die Fortsetzung der Linie in der Rothebühlstraße von der Reuchlin-(oder Schwab-)straße durch die Rothebühl- und Rothenwaldstraße bis zur Station Hasenberg mit 1,8 km Länge und mit Steigungen von 6 bez. 5 %.

b) eine Fortsetzung der Linie in der Militärstraße bis zur Schwabstraße, dann durch die letztere herüber bis zur Rothebühlstraße und an die dortige Linie anschließend, 1,27 km lang mit 4,26 % Maximalsteigung zwischen der Schwab- und Hasenbergstraße.

Im südöstlichen Stadtteil:

c) die Weiterführung der Linie in der Olgastraße vom Wilhelmsthorplatz bis zur Römerstraße, dann dieser bis zur Filderstraße folgend und in derselben bleibend bis zum Zahnradbahnhof, wo ein Anschluß an die dortigen Bahnen stattfinden kann, Länge 1,16 km.

Hier ist jedoch zu bemerken, daß die Römerstraße von der Olgastraße aus auf eine Länge von 50 m ein Gefäll von 8 % hat, welches aber durch eine diagonale Richtung über die Ecke des Friedhofs auf 4 % reduziert werden kann.

Da das Bedürfnis für die Anlage von Straßenbahnen von Verhältnissen abhängig ist, welche nicht vorausgesehen werden können, so wäre es eine müßige Arbeit, über weitere Zukunftslinien noch etwas zu sagen.

Dagegen ist bei diesem Anlaß darauf hinzuweisen, daß der Betrieb der letztgenannten Bahnen mit ihren starken Steigungen ein schwieriger und teurer ist, so daß die Verwendung von Pferden auf die Dauer nicht mehr zu halten sein, sondern als bewegende Kraft die Lokomotive an deren Stelle treten wird, was in mehreren Städten jetzt schon der Fall ist.

Wenn auch bei der Konzessionierung der zunächst für die Ausführung beantragten Linien von Dampfbetrieb nicht die Rede ist, so ist es doch geboten, denselben jetzt schon ins Auge zu fassen, weil für diesen Fall ein Oberbau von der nötigen Tragfähigkeit zu wählen ist. —

V. Statistische Notizen der Straßenbahnen anderer Städte.

Diese glaubte ich am besten liefern zu können durch eine tabellarische Übersicht, welche ich dem „Auszug aus dem Bericht der Subkommission für Straßen- und Zahnradbahnen des Vereins deutscher Eisenbahnverwaltungen an die Kommission für technische und Betriebsangelegenheiten vom April 1881," Wiesbaden, C. W. Kreidels Verlag, 1882, entnommen habe.

Diese Übersicht umfaßt:

1. Den Sitz und die Firma der Gesellschaft.
2. Die Spurmaße.
3. Die Länge.
4. Die Zeit der Eröffnung.
5. Befördert werden Personen, Güter oder beides.
6. Beförderungsmittel, Pferde oder Lokomotive.
7. Lage der Bahn (in der Mitte oder an der Seite der Straßen).
8. Breite und Gewicht der Wagen.
9. Nähere Bezeichnung des Oberbaues.
10. Material des Oberbaues.
11. Schienen-Profile.
12. Kleinste Halbmesser der Curven.
13. Größte Steigungen.
14. Weite der Spurrille.
15. Bemerkungen.

Die einzelnen Bahnen sind beschrieben:

Nr.	1. Namen der Bahn, Sitz und Firma der Gesellschaft	2. Spurweite m	3. Länge km	4. Zeit der Eröffnung	5. Befördert werden	6. Förderungsmittel	7. Lage der Bahn in der Mitte oder an der Seite der Straßen: in der Mitte	an der Seite	Abstand d. Geleisemitte vom Trottoir m	8. Wagen: Breite m	Gewicht kg
1	**Arader Straßenbahn.** Arader Straßenbahn- u. Ziegelfabrik-Aktien-Gesellschaft.	1,435	12,370	Okt. 1870 und 1871	Personen und Güter	Pferde	"	seitwärts	10,0	2,00	37 bis 3800
2	**Arnheim'sche Pferdebahn.** Arnheim'sche Tramway-Gesellschaft in Arnheim.	1,435	8,845	Mai 1880	Personen	Pferde	"	seitwärts	"	2,00	15 bis 1700
3	**Barmen-Elberfeld.** Société anonyme des Tramways de Barmen-Elberfeld-Bruxelles.	1,435	20,000	1873	Personen	Pferde	Straße breit in der Mitte	Straße schmal an der Seite	1,25	2,00	—
4	**Große Berliner Pferde-Eisenbahn.** Große Berliner Pferde-Eisenbahnaktien-Gesellschaft Berlin.	1,435	129,970	1873 bis 1881	Personen	Pferde	in der Regel in der Mitte. Wie an den Seiten.		1,40	1,92 u. 2,00	1070 bis 1200 einspännig 2000 bis 2200 zweispännig
5	**Bremer Pferdebahn.** Bremer Pferdebahn-Gesellschaft.	1,435	6,480	Juni 1876	Personen	Pferde	teilweise	teilweise	1,25	—	—
			177,665 km								

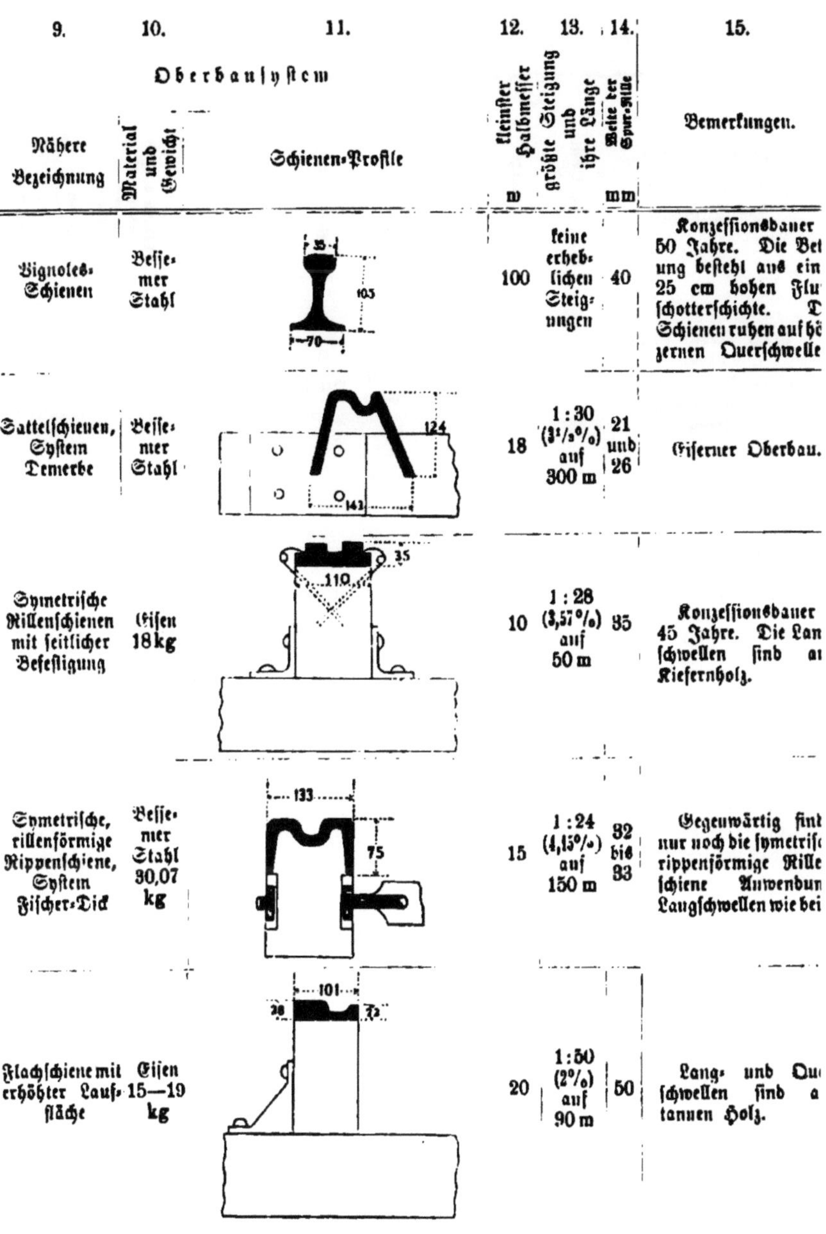

9.	10.	11.	12.	13.	14.	15.
Oberbausystem						
Nähere Bezeichnung	Material und Gewicht	Schienen-Profile	kleinster Halbmesser m	größte Steigung und ihre Länge	Weite der Spur-Rille mm	Bemerkungen.
Vignoles-Schienen	Bessemer Stahl		100	keine erheblichen Steigungen	40	Konzessionsdauer 50 Jahre. Die Bet ung besteht aus ein 25 cm hohen Flu schotterschichte. D Schienen ruhen auf hö zernen Querschwelle
Sattelschienen, System Demerbe	Bessemer Stahl		18	1 : 30 (3 1/3 %) auf 300 m	21 und 26	Eiserner Oberbau.
Symetrische Rillenschienen mit seitlicher Befestigung	Eisen 18 kg		10	1 : 28 (3,57 %) auf 50 m	35	Konzessionsdauer 45 Jahre. Die Lan schwellen sind a Kiefernholz.
Symetrische, rillenförmige Rippenschiene, System Fischer-Dick	Bessemer Stahl 30,07 kg		15	1 : 24 (4,15 %) auf 150 m	32 bis 33	Gegenwärtig fin nur noch die symetris rippenförmige Rille schiene Anwendun Langschwellen wie bei
Flachschiene mit erhöhter Lauffläche	Eisen 15—19 kg		20	1 : 50 (2 %) auf 90 m	50	Lang- und Qu schwellen sind a tannen Holz.

Nr.	1. Namen der Bahn, Sitz und Firma der Gesellschaft	2. Spurweite m	3. Länge km	4. Zeit der Eröffnung	5. Befördert werden	6. Förderungsmittel	7. Lage der Bahn in der Mitte oder an der Seite der Straßen			8. Wagen	
							in der Mitte	an der Seite	Abstand d. Geleisemitte vom Trottoir m	Breite m	Gewicht kg
6	**Große Bremer Pferdebahn.** Große Bremer Pferdebahn-Gesellschaft in Bremen.	1,435	16,100	Sept. 1876	Personen	Pferde	teilweise	teilweise	—	—	—
7	**Bremerhafener Straßenbahn.** Bremerhafener Straßenbahn-Gesellschaft in Bremen.	1,435	6,200	Mai 1881	Personen	Pferde	1	1	—	—	—
8	**Breslauer Straßenbahn,** Breslauer Straßen-Eisenbahn-Gesellschaft.	1,435	24,380	Juli 1877 bis Okt. 1878	Personen	Pferde	größtenteils in der Mitte		1,30	1,80 u. 1,88	1902 offene und 2350 bei geschlossenen
9	**Budapester Straßen-Eisenbahn.** Budapester Straßen-Eisenbahn-Gesellschaft in Budapest.	1,430	64,334	1866 bis 1879	Personen und Güter	Pferde	—	1	...	2,0 bis 2,26	2200 bis 2400
			111,014 km								

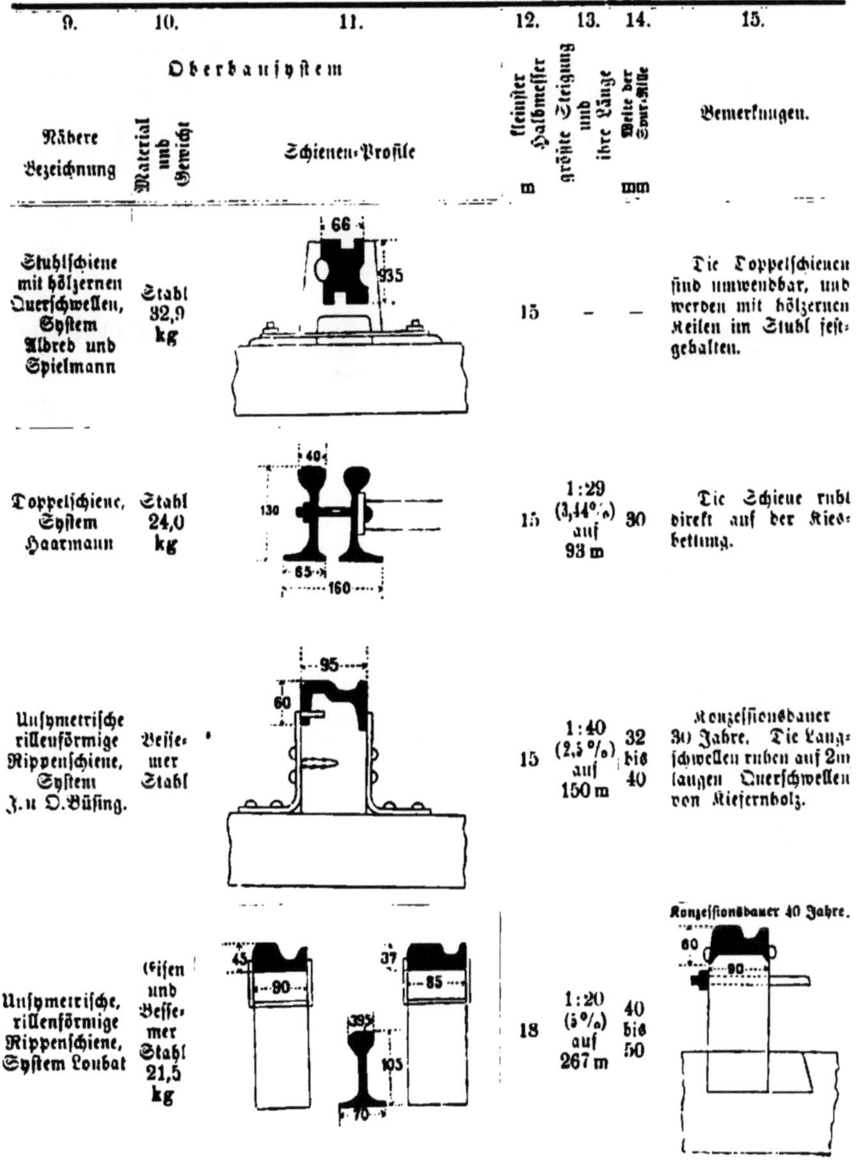

9.	10.	11.	12.	13.	14.	15.
Oberbausystem			kleinster Halbmesser	größte Steigung und ihre Länge	Weite der Spur-Rille	Bemerkungen.
Nähere Bezeichnung	Material und Gewicht	Schienen-Profile	m		mm	
Stuhlschiene mit hölzernen Querschwellen, System Alfred und Spielmann	Stahl 32,9 kg		15	–	–	Die Doppelschienen sind umwendbar, und werden mit hölzernen Keilen im Stuhl festgehalten.
Doppelschiene, System Haarmann	Stahl 24,0 kg		15	1:29 (3,44%) auf 93 m	30	Die Schiene ruht direkt auf der Kiesbettung.
Unsymetrische rillenförmige Rippenschiene, System J. u. O. Büsing.	Bessemer Stahl		15	1:40 (2,5%) auf 150 m	32 bis 40	Konzessionsdauer 30 Jahre. Die Langschwellen ruhen auf 2 m langen Querschwellen von Kiefernholz.
Unsymetrische, rillenförmige Rippenschiene, System Loubat	Eisen und Bessemer Stahl 21,5 kg		18	1:20 (5%) auf 267 m	40 bis 50	Konzessionsdauer 40 Jahre.

Nr.	1. Namen der Bahn, Sitz und Firma der Gesellschaft	2. Spurweite m	3. Länge km	4. Zeit der Eröffnung	5. Befördert werden	6. Förderungsmittel	7. Lage der Bahn in der Mitte oder an der Seite der Straßen: in der Mitte	an der Seite	Abstand d. Geleisemitte vom Trottoir m	8. Wagen: Breite m	Gewicht kg
10	**Casseler Trambahn.** Cassel Tramway Company London.	1,435	5,850	Juli 1877	Personen	Lokomotiven Cassel-Wilhelmshöhe	1	—	4,425	2,26	halb offene 1600 geschlossene 2200 bis 2400
11	**Chemnitzer Pferdebahn.** The District of Chemnitz Tramway London.	0,915	5,860	1880	Personen	Pferde	1	1	2,30	1,58	1800 bis 1900
12	**Como Fino-Saronno Dampfstrassenbahn.** Tramway-Aktien-Gesellschaft ꝛc. in Saronno, Provinz Mailand.	1,445	24,000	Okt. 1880 bis 1881	Personen	Lokomotiven	—	1	1,60	2,61	I. Klasse 5900 II. Kl. 5300
13	**Danziger Straßenbahn.** Danziger Straßeneisenbahn. Otto Braunschweig u. Oskar Kupferschmid in Danzig.	1,440	9,300	Juni 1873 Juni 1878	Personen	Pferde	—	1	—	2,00	1. Etage 1750 2. Etage 4250
14	**Dresdener Pferdebahn.** The Tramway company of Germany London.	1,450	10,210	1872 von im Jahre 1880 eröffneten zwei Strecken ist die Länge nicht angegeben	Personen	Pferde	1	1	1,20	2,20	—
			55,220 km								

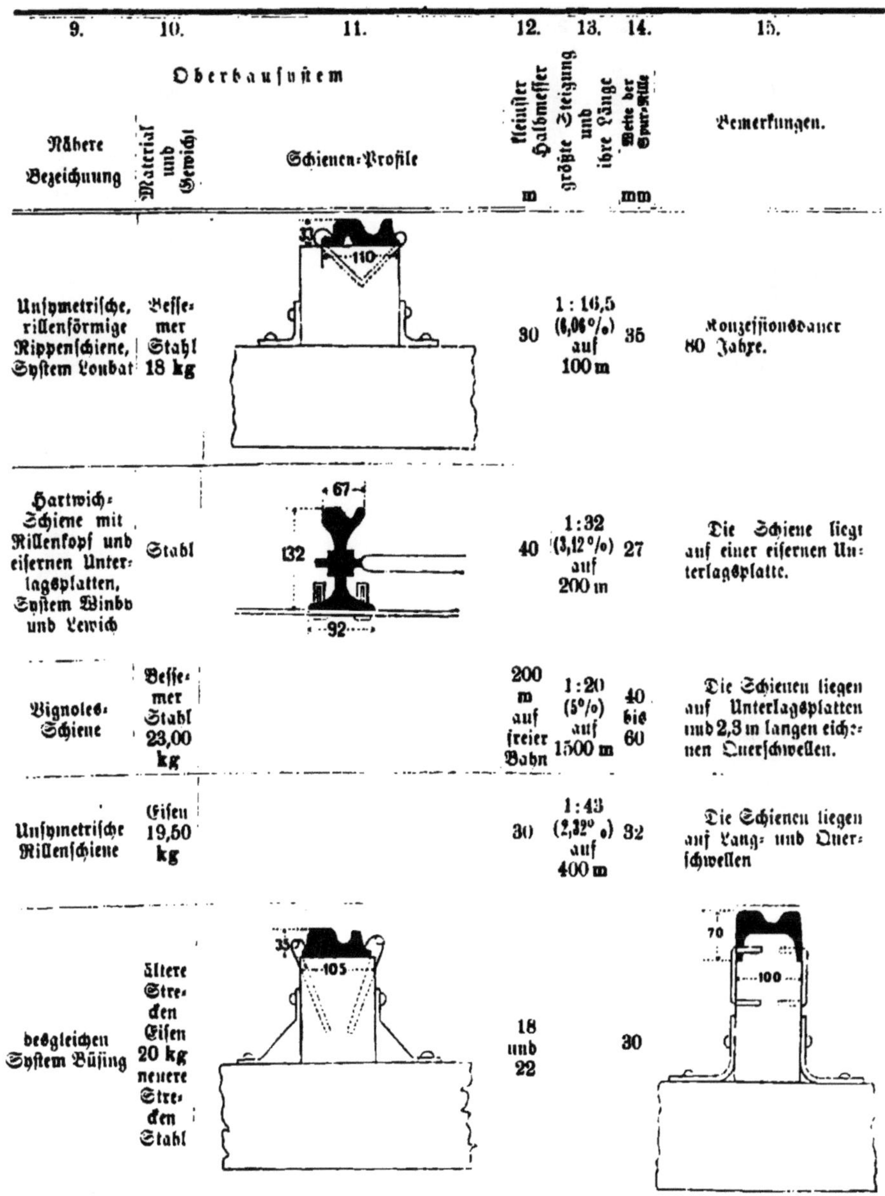

9.	10.	11.	12.	13.	14.	15.
Oberbausystem						
Nähere Bezeichnung	Material und Gewicht	Schienen-Profile	kleinster Halbmesser m	größte Steigung und ihre Länge	Weite der Spur-Rille mm	Bemerkungen.
Unsymmetrische, rillenförmige Rippenschiene, System Loubat	Bessemer Stahl 18 kg	33; 110	30	1 : 16,5 (6,06 %) auf 100 m	35	Konzessionsdauer 80 Jahre.
Hartwich-Schiene mit Rillenkopf und eisernen Unterlagsplatten, System Winby und Lewich	Stahl	67; 132; 92	40	1:32 (3,12 %) auf 200 m	27	Die Schiene liegt auf einer eisernen Unterlagsplatte.
Vignoles-Schiene	Bessemer Stahl 23,00 kg		200 m auf freier Bahn	1:20 (5%) auf 1500 m	40 bis 60	Die Schienen liegen auf Unterlagsplatten und 2,3 m langen eichenen Querschwellen.
Unsymmetrische Rillenschiene	Eisen 19,50 kg		30	1:43 (2,32 %) auf 400 m	32	Die Schienen liegen auf Lang- und Querschwellen
desgleichen System Büsing	ältere Strecken Eisen 20 kg neuere Strecken Stahl	35; 105	18 und 22		30	70; 100

Nr.	1. Namen der Bahn, Sitz und Firma der Gesellschaft	2. Spurweite m	3. Länge km	4. Zeit der Eröffnung	5. Befördert werden	6. Förderungsmittel	7. Lage der Bahn in der Mitte oder an der Seite der Straßen: in der Mitte	an der Seite	Abstand d. Geleise-mitte vom Trottoir m	8. Wagen: Breite m	Gewicht kg
15	**Eisenberg Crossener Eisenbahn** zu Eisenberg.	1,435	8,600	April 1880	Personen und Güter	Lokomotiven	1	1	—	2,20	offene 3200 geschlossene 8800
16	**Grazer Tramway.** Bernhard Kollmann in Graz.	1,435	5,900	1878 bis 1880	Personen	Pferde	1	—	in einer Straße 0,967	2,00	1400 bis 1600
17	**Haag-Scheveninger Tramway.** Direktion der Niederländischen Rhein-Eisenbahn-Gesellschaft in Utrecht.	1,435	4,700	Juli 1879	Personen und Güter	Lokomotiven	—	1	—	1,99	5150
18	**Hannover'sche Pferdebahn.** Kontinental Pferde-Eisenbahn-Gesellschaft Berlin. The Tramway company of Germany London. Diese Gesellschaft ist Pächterin der ersten Linien.	1,435 1,440	29,832	von 1872 bis 1880	Personen	Pferde	1	1	1,30	2,00	—
			49,032 km								

9.	10.	11.	12.	13.	14.	15.
Oberbausystem						
Nähere Bezeichnung	Material und Gewicht	Schienen-Profile	kleinster Halbmesser m	größte Steigung und ihre Länge	Weite der Spur-Rille mm	Bemerkungen.
Vignoles-Schiene mit eisernen Langschwellen und eisernen Traversen.	Bessemer Stahl 19,00 kg	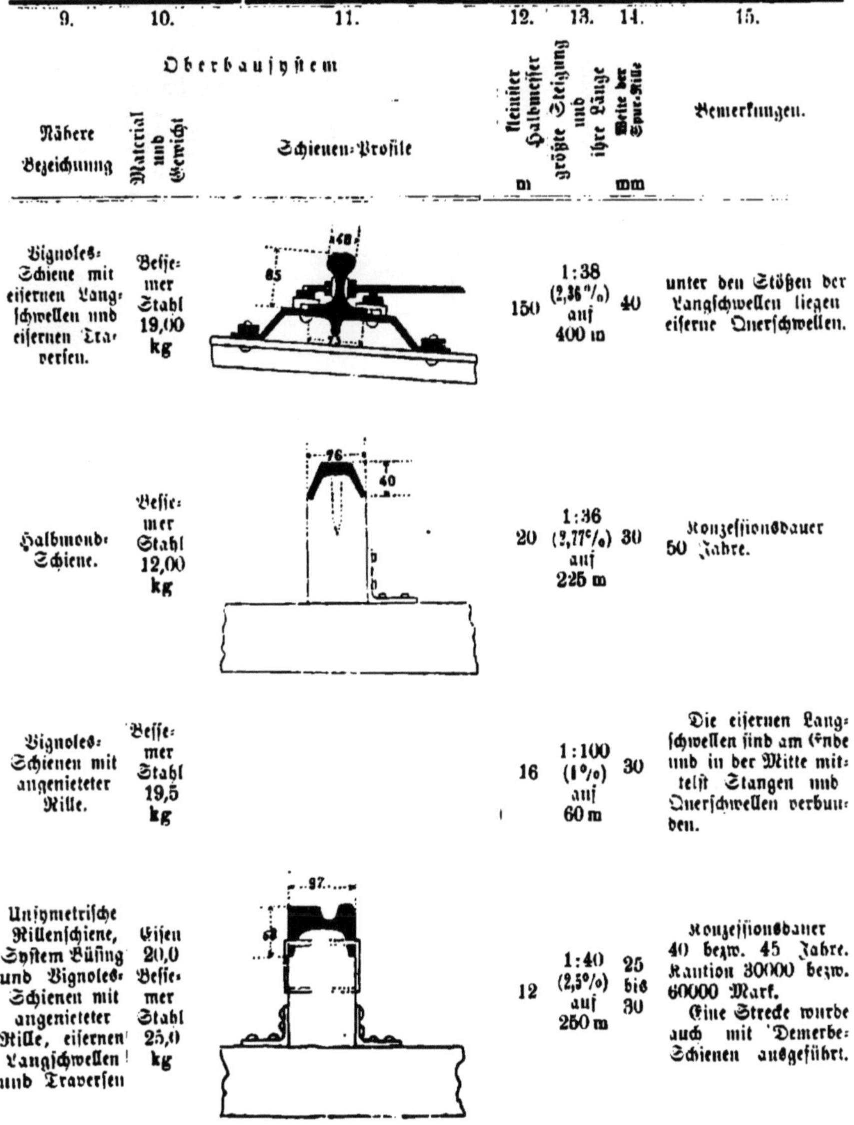	150	1:38 (2,36 %) auf 400 m	40	unter den Stößen der Langschwellen liegen eiserne Querschwellen.
Halbmond-Schiene.	Bessemer Stahl 12,00 kg		20	1:36 (2,77 %) auf 225 m	30	Konzessionsdauer 50 Jahre.
Vignoles-Schienen mit angenieteter Rille.	Bessemer Stahl 19,5 kg		16	1:100 (1 %) auf 60 m	30	Die eisernen Langschwellen sind am Ende und in der Mitte mittelst Stangen und Querschwellen verbunden.
Unsymmetrische Rillenschiene, System Büsing und Vignoles-Schienen mit angenieteter Rille, eisernen Langschwellen und Traversen	Eisen 20,0 Bessemer Stahl 25,0 kg		12	1:40 (2,5 %) auf 250 m	25 bis 30	Konzessionsdauer 40 bezw. 45 Jahre. Kaution 30000 bezw. 60000 Mark. Eine Strecke wurde auch mit Demerbe-Schienen ausgeführt.

Nr.	1. Namen der Bahn, Sitz und Firma der Gesellschaft	2. Spurweite m	3. Länge km	4. Zeit der Eröffnung	5. Befördert werden	6. Förderungsmittel	7. Lage der Bahn in der Mitte oder an der Seite der Straßen: in der Mitte	an der Seite	Abstand d. Geleise-mitte vom Trottoir m	8. Wagen: Breite m	Gewicht kg
19	**Hermes Beaumont - Compagnie** anonyme de chemin de fer de Hermes à Beaumont in Neuilly-en-Thelle, Departement Oise in Frankreich.	1,000	31,240	1879 bis 1880	Personen und Güter	Lokomotiven	—	—	—	2,20	—
20	**Ingolstädter Tramway.** Ingolstädter Tramway, H. Reuß, Ingolstadt.	1,440	3,550	Nov. 1878	Personen und Güter	Pferde	1	1	1,30	2,00	—
21	**Itzehoe-Lägerdorfer Straßenbahn.** O. F. Alsen und Sohn in Itzehoe.	0,870	6,000	1868	Güter	Pferde und Lokomotiven	—	1	1,00	—	—
22	**Königsberger Pferdebahn.** Ostpreußische Südbahn Königsberg.	1,435	1,370	1879 bis 1880	Güter	Pferde	1	1	1,50	—	—
23	**Kopenhagener Stadtbahn.** Kopenhagens Spurweg-Gesellschaft in Kopenhagen.	1,320	—	1863 bis 1873	Personen	Pferde	1	—	—	—	2640
24	**Kopenhagen vorstädtische Pferdebahn.** Kopenhagener Spurwegengesellschaft in Kopenhagen.	1,430	—	1873	Personen	Pferde	1	1	1,706	1,95	kleine Wagen 1500 große 2750
			42,160 km								

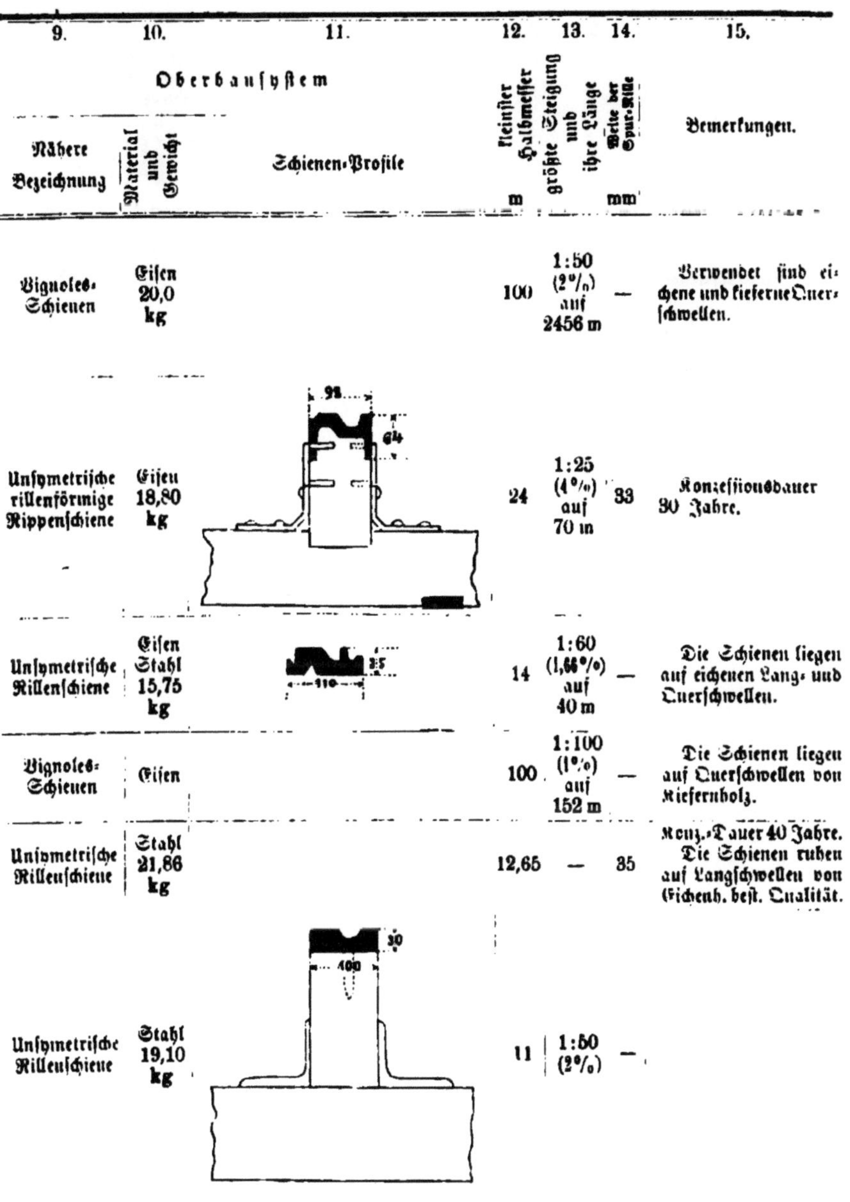

9.	10.	11.	12.	13.	14.	15.
Oberbausystem			kleinster Halbmesser	größte Steigung und ihre Länge	Weite der Spur-Rille	Bemerkungen.
Nähere Bezeichnung	Material und Gewicht	Schienen-Profile	m		mm	
Vignoles-Schienen	Eisen 20,0 kg		100	1:50 (2%) auf 2456 m	—	Verwendet sind eichene und kieferne Querschwellen.
Unsymmetrische rillenförmige Rippenschiene	Eisen 18,80 kg		24	1:25 (4%) auf 70 m	33	Konzessionsdauer 30 Jahre.
Unsymmetrische Rillenschiene	Eisen Stahl 15,75 kg		14	1:60 (1,66%) auf 40 m	—	Die Schienen liegen auf eichenen Lang- und Querschwellen.
Vignoles-Schienen	Eisen		100	1:100 (1%) auf 152 m	—	Die Schienen liegen auf Querschwellen von Kiefernholz.
Unsymmetrische Rillenschiene	Stahl 21,86 kg		12,65	—	35	Konz.-Dauer 40 Jahre. Die Schienen ruhen auf Langschwellen von Eichenh. best. Qualität.
Unsymmetrische Rillenschiene	Stahl 19,10 kg		11	1:50 (2%)	—	

	1.	2.	3.	4.	5.	6.	7.			8.	
Nr.	Namen der Bahn, Sitz und Firma der Gesellschaft	Spurweite m	Länge km	Zeit der Eröffnung	Befördert werden	Förderungsmittel	Lage der Bahn in der Mitte oder an der Seite der Straßen: in der Mitte	an der Seite	Abstand d. Geleise-mitte vom Trottoir m	Wagen: Breite m	Gewicht kg
25	**Kremsthalbahn.** Kremsthalbahn in Linz a. d. Donau.	1,435	35,600	1881	Personen und Güter	Lokomotiven	—	1	2,00	2,80 und 3,10	8000 und 11300
26	**Leipziger Pferdebahn.** Leipzig-Tramway-Company London.	1,458	19,490	Mai 1872	Personen	Pferde	1	1	1,23	2,35	1600 die einspänn. 2600 bis 3400 die zweispänn.
27	**Lübecker Pferdebahn.** Lübecker Pferde-Eisenbahn-Gesellschaft in Lübeck.	1,100	5,500	Mai 1881	Personen	Pferde	1	1	1,30	1,85	1350
28	**Mailänder Dampftramway.** Tramway-Gesellschaft Mailand. Gorgonzola Vaprio-Societa del Tramway Milano-Gorgonzola Vaprio Mailand.	1,445	29,190 15,000	1878 1880	Personen und Güter	Lokomotiven	—	1	—	2,20	I. Klasse 2600 II. Kl. 2500
			104 780 km								

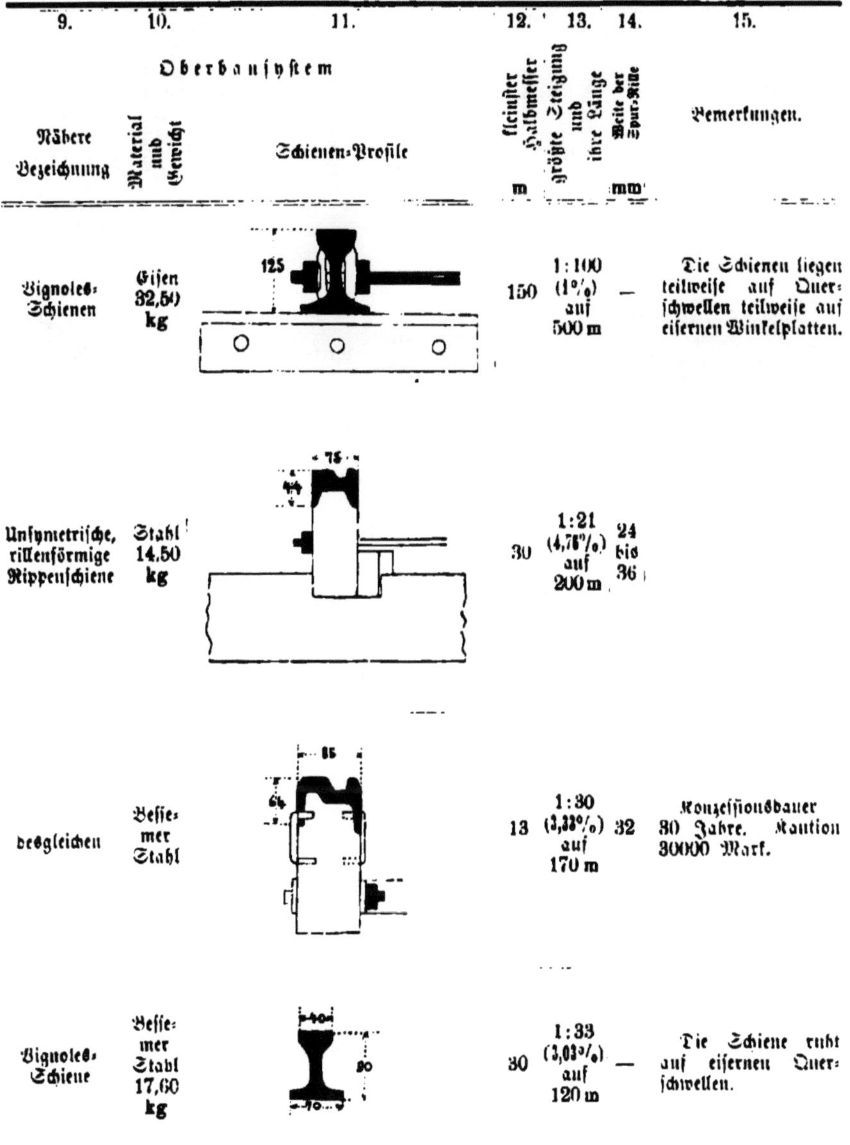

9.	10.	11.	12.	13.	14.	15.
Oberbausystem						
Nähere Bezeichnung	Material und Gewicht	Schienen-Profile	kleinster Halbmesser m	größte Steigung und ihre Länge	Weite der Spur-Rille mm	Bemerkungen.
Vignoles-Schienen	Eisen 32,50 kg		150	1:100 (1%) auf 500 m	—	Die Schienen liegen teilweise auf Querschwellen teilweise auf eisernen Winkelplatten.
Unsymmetrische, rillenförmige Rippenschiene	Stahl 14,50 kg		30	1:21 (4,76%) auf 200 m	24 bis 36	
desgleichen	Bessemer Stahl		13	1:30 (3,33%) auf 170 m	32	Konzessionsdauer 30 Jahre. Kaution 30000 Mark.
Vignoles-Schiene	Bessemer Stahl 17,60 kg		30	1:33 (3,03%) auf 120 m	—	Die Schiene ruht auf eisernen Querschwellen.

Nr.	1. Namen der Bahn, Sitz und Firma der Gesellschaft	2. Spurweite m	3. Länge km	4. Zeit der Eröffnung	5. Befördert werden	6. Förderungsmittel	7. Lage der Bahn in der Mitte oder an der Seite der Straßen: in der Mitte	an der Seite	Abstand d. Geleisemitte vom Trottoir m	8. Wagen: Breite m	Gewicht kg
29	**Mailand Monzaer Pferdebahn.** Societa anonima degli Omnibus in Mailand.	1,445	15,000 3,000	August 1876 Juli 1878	Personen	Pferde	—	1	2—4	2,20	2150 offene 2400 geschlossene Wagen
30	**Mannheimer Pferdebahn.** Mannheim-Ludwigshafner Tramway in Mannheim.	1,450	8,600	1878 bis 1879	Personen	Pferde	1	1	0,50	1,98	—
31	**Metzer Tramway.** Société anonyme des traveaux belge et étrangers à Metz.	1,425	12,500	1876 bis 1878	Personen	Pferde	1	1	1,27	2,06	1800
32	**Palermoer Pferdebahn.** J. Sabino in Palermo.	1,435	33,790	1878 bis 1881	Personen	Pferde	—	1	1,30	2,10	1197 offene 1672 geschlossene Wagen
			72,890 km								

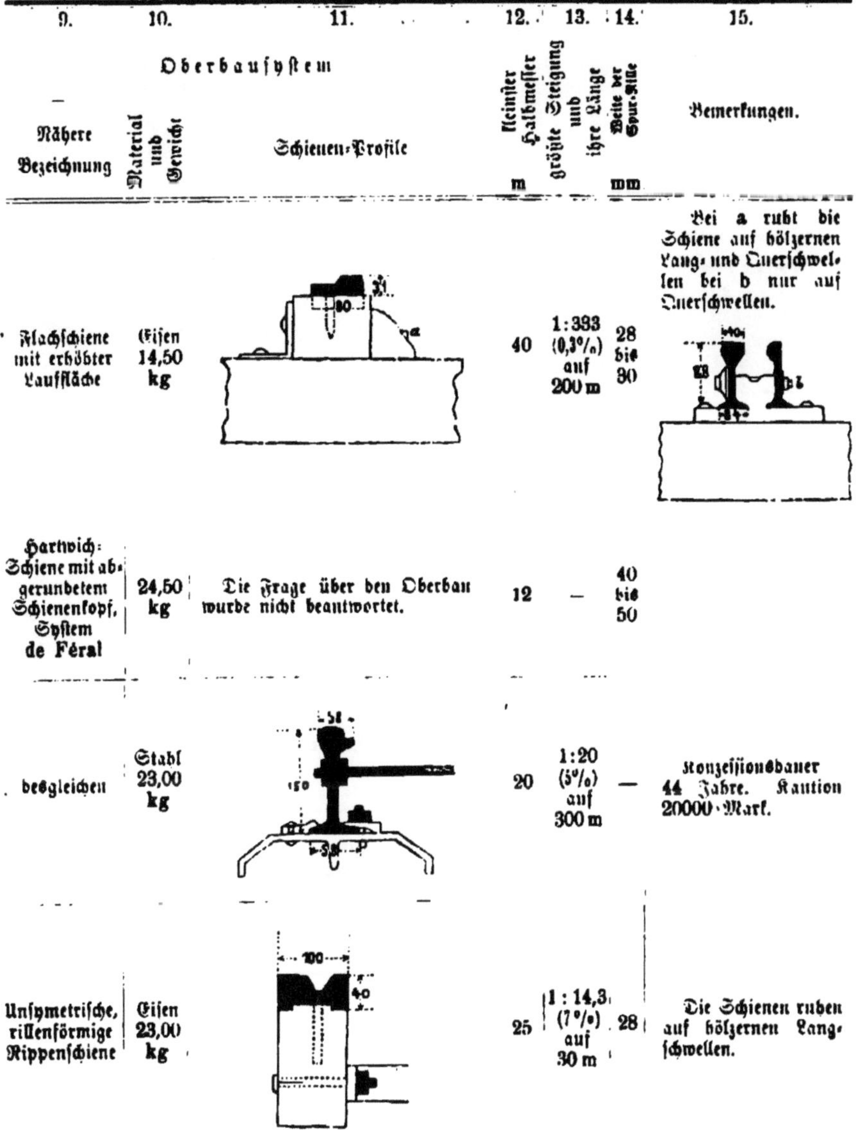

9.	10.	11.	12.	13.	14.	15.
Oberbausystem						
Nähere Bezeichnung	Material und Gewicht	Schienen-Profile	kleinster Halbmesser m	größte Steigung und ihre Länge	Weite der Spur-Rille mm	Bemerkungen.
Flachschiene mit erhöhter Lauffläche	Eisen 14,50 kg		40	1:333 (0,3%) auf 200 m	28 bis 30	Bei a ruht die Schiene auf hölzernen Lang- und Querschwellen bei b nur auf Querschwellen.
Hartwich-Schiene mit abgerundetem Schienenkopf, System de Féral	24,50 kg	Die Frage über den Oberbau wurde nicht beantwortet.	12	—	40 bis 50	
desgleichen	Stahl 23,00 kg		20	1:20 (5%) auf 300 m	—	Konzessionsdauer 44 Jahre. Kaution 20000 Mark.
Unsymetrische, rillenförmige Rippenschiene	Eisen 23,00 kg		25	1:14,3 (7%) auf 30 m	28	Die Schienen ruhen auf hölzernen Langschwellen.

Nr.	1. Namen der Bahn, Sitz und Firma der Gesellschaft	2. Spurweite m	3. Länge km	4. Zeit der Eröffnung	5. Befördert werden	6. Förderungsmittel	7. Lage der Bahn in der Mitte oder an der Seite der Straßen: in der Mitte	an der Seite	Abstand d. Geleise-mitte vom Trottoir m	8. Wagen: Breite m	Gewicht kg
33	**Posener Pferdebahn.** Posener Pferdebahn-Gesellschaft Posen.	1,435	9,690	1880	Personen	Pferde	1	1	1,50	2,00	—
34	**Rappoltsweiler Straßenbahn.** Rappoltsweiler Straßen-Eisenbahn-Gesellschaft Winterthur Schweiz.	1,000	3,800	August 1879	Personen und Güter	Lokomotiven	—	1	—	1,80	2050 bei Personenwagen 12 bis 1600 bei Güterwagen Trucks 3200
35	**Stettiner Straßenbahn.** Stettiner Straßeneisenbahn-Gesellschaft in Stettin.	1,350	11,900	August 1879	Personen	Pferde	1	1	1,70	1,92	2150
36	**Straßburger Pferde-Eisenbahn.** Straßburger Pferdebahn-Gesellschaft zu Straßburg.	1,440	18,700	1870 bis 1880	Personen	Pferde und Lokomotiven	1	1	1,75	2,00	1900
37	**Stuttgarter Pferdebahn.** Stuttgarter Pferdeeisenbahn-Gesellschaft Stuttgart.	1,435	9,900	1868 bis 1869	Personen	Pferde	1	—	3,70 bis 7,47	2,14 und 2,20	bis zu 3000
			53,990 km								

9.	10.	11.	12.	13.	14.	15.
Oberbausystem						
Nähere Bezeichnung	Material und Gewicht	Schienen-Profile	kleinster Halbmesser m	größte Steigung und ihre Länge	Weite der Spur-Rille mm	Bemerkungen.
Symetrische Rillenschiene, System Keissler	Stahl 12,70 kg	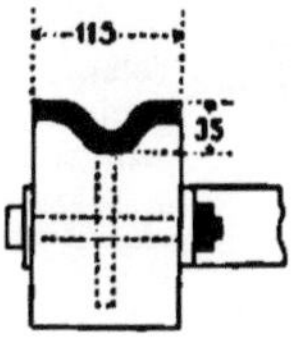	16	1:28 (4,34%) auf 250 m	30	
Sattelschiene, System Demerbe	Eisen 30,60 kg	Eiserner Oberbau.	100	1:28,6 (3,41%) auf 127 m	33	Konzessionsdauer 30 Jahre. Die Gesellschaft erhält vom Bezirk Rappoltsweiler eine Subvention von 7700 Mark und von der Stadt Rappoltsweiler alljährlich 500 ℳ à Fonds perdu. Die Bahn befördert Vollbahnwagen mittelst sog. Trucks von 10000 kg Gewicht.
Unsymetrische, rillenförmige Rippenschiene	Bessemer Stahl 18,20 kg		20	1:20 (5%) auf 200 m	32	Die Schienen ruhen auf Langschwellen, Profil ähnlich wie bei Nr. 18.
Sattelschiene, System Demerbe	Stahl 30,00 kg	Eiserner Oberbau.	18	1:30 (3,33%) auf 350 m	30	
Hartwich-Schiene mit Winkeleisen für die Spurrille	Eisen mit Puddelstahlkopf 26,00 kg		23	1:27 (3,7%) auf 26 m	30	Konzessionsdauer 30 Jahre. Kaution 10000 fl. = 17143 ℳ Die Schienen ruhen unmittelbar auf einer Beschotterung von Kleingeschläg.

Nr.	1. Namen der Bahn, Sitz und Firma der Gesellschaft	2. Spurweite m	3. Länge km	4. Zeit der Eröffnung	5. Befördert werden	6. Förderungsmittel	7. Lage der Bahn in der Mitte oder an der Seite der Straßen: in der Mitte	an der Seite	Abstand d. Geleisemitte vom Trottoir m	8. Wagen: Breite m	Gewicht kg
38	**Taviers-Embresin Lokalbahn.** Chemin de fer d'interêt local de Taviers à Embresin Belgien.	0,715	27,000	Okt. 1879	Personen und Güter	Lokomotiven	—	—	—	1,56 und 1,80	—
39	**Temesvarer Straßenbahn.** Temesvarer Straßen-Eisenbahn-Gesellschaft in Temesvar.	1,435	9,600	Mai 1869	Personen und Güter	Pferde	1	1	2,20	2,25	2200
40	**Triester Tramway.** Società triestina Tramway in Triest.	1,435	6,400	1876	Personen	Pferde	1	1	3,75	2,00	bis zu 1970 bei offenen und 2078 bei geschlossenen Wagen
41	**Turiner Tramway.** Société anonyme des Tramways de Turin à Bruxelles.	1,445	10,700 14,800	Nov. 1878 Okt. 1880	Personen	Lokomotiven	—	1	1,45	1,90 2,00	bis zu 2000 bei den offenen und 2900 bei den geschlossenen
42	**Uetersener Pferdebahn.** Uetersener Eisenbahn-Gesellschaft Uetersen (Holstein.)	1,435	5,000	Sept. 1873	Personen und Güter	Pferde	—	1	2,50	20 und 2,10	—
			73,500 km								

9.	10.	11.	12.	13.	14.	15.
Oberbausystem			kleinster Halbmesser	größte Steigung und ihre Länge	Weite der Spur-Rille	Bemerkungen.
Nähere Bezeichnung	Material und Gewicht	Schienen-Profile	m		mm	
Vignoles-Schienen	Eisen 15,0 kg		—	—	—	Konzessionsdauer 40 Jahre. Die Schienen ruhen auf eichenen Querschwellen.
Unsymmetrische rillenförmige Rippenschiene	Eisen Bessemer Stahl	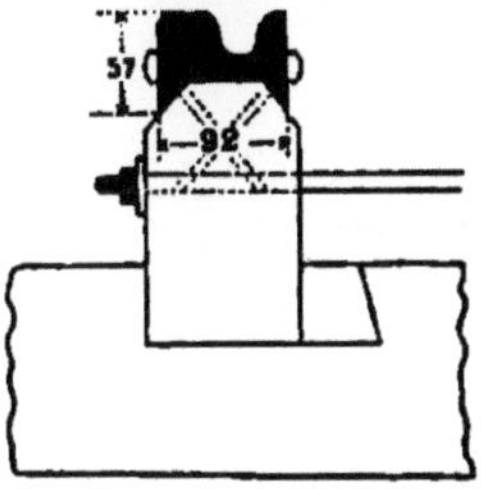	30	1:25 (4%) auf 50 m	40	
Rillenschiene im Pflaster	Bessemer Stahl 15,35 kg	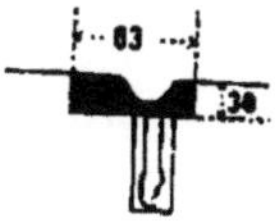	17	1:28 (3,6%) auf 246 m	30	Konzessionsdauer ursprünglich 35 Jahre dann auf 50 Jahre verlängert. Kaution 20000 fl. Die Schienen liegen in Platten von Sandstein.
Vignoles-Schienen	Gußstahl 16,43 kg		23	1:20 (5%) auf 940 m	—	Die Schienen liegen auf eichenen Querschwellen.
desgleichen	Eisen 26,90 31,40 kg		100	1:100 (1%) auf 180 m	125	Desgleichen.

Nr.	1. Namen der Bahn, Sitz und Firma der Gesellschaft	2. Spurweite m	3. Länge km	4. Zeit der Eröffnung	5. Befördert werden	6. Förderungsmittel	7. Lage der Bahn in der Mitte oder an der Seite der Straßen: in der Mitte	an der Seite	Abstand d. Geleisemitte vom Trottoir m	8. Wagen: Breite m	Gewicht kg
43	**Utrechter (Niederländisch) Tramway.** Neederlandsch Tramweg-Matschappij zu Utrecht.	1,435	11,300	Okt. 1880	Personen und Güter	Pferde	—	1	—	2,30	1700
44	**Waldenburger Eisenbahn.** Waldenburger Bahn in Waldenburg (Basel-land.)	0,750	13,500	Okt. 1880	Personen und Güter	Lokomotiven	—	1	1,50	1,80	Personenwagen 2400 Güterwagen 1900
45	**Wiesbadener Pferdebahn.** E. H. Sennecke, Wiesbaden.	1,435	6,000	August 1875	Personen	Pferde	—	1	2,00	1,80	—
46	**Wülfel Döhrener Straßenbahn.** Wollwäscherei- u. Kämmerei-Aktien-Gesellschaft in Döhren.	1,000	2,516	März 1882	Güter	Pferde	—	1	—	3,10 Ladenmaß	
47	**Wutha Ruhlaer Eisenbahn.** Ruhlaer Eisenbahn-Gesellschaft in Ruhla.	1,435	7,500	1880	Personen und Güter	Lokomotiven	—	1	—	2,75 und 2,80	bei den Güterwagen 5175

	40,816 km
Ueberträge	177,665
	111,014
	55,220
	49,032
	42,160
	104,780
	72,890
	53,990
	73,500
	781,067 Gesamtlänge in Kilometer.

9.	10.	11.	12.	13.	14.	15.
Oberbausystem						
Nähere Bezeichnung	Material und Gewicht	Schienen-Profile	kleinster Halbmesser m	größte Steigung und ihre Länge	Weite der Spur-Rille mm	Bemerkungen.
Sattelschiene, System Demerbe	Bessemer Stahl 30,9 kg	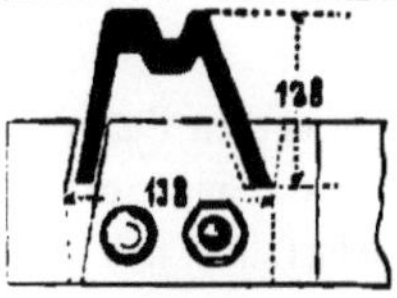	16	1:100 (1%) auf 60 m	30	
Vignoles-Schiene	Bessemer Stahl 15,00 kg		60	1:33 (3,03%) auf 600 m	—	Die Schienen liegen auf eichenen Querschwellen.
Unsymmetrische Rillenschiene	Eisen 19,5 kg	Profil wie bei Nr. 10.	22	1:24 (4,16%) auf 130 m	35	Die Schienen liegen auf kiefernen Langschwellen.
System Heusinger-Waldegg	Flußstahl 22,76 kg	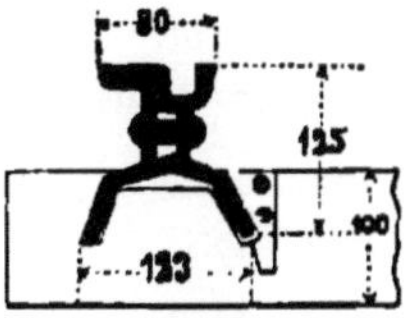	32	1:70 (1,43%) auf 80 m	30	
Vignoles-Schiene	Bessemer Stahl 19,20 kg	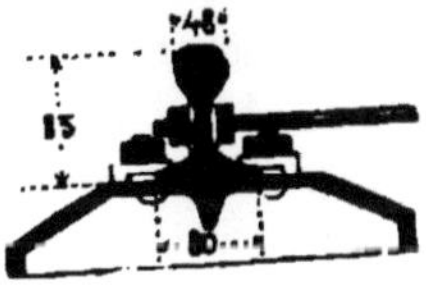	200	1:30 (3,33%) auf 1150 m	—	Die Schienen liegen auf eisernen Langschwellen.

Aus vorstehender Übersicht ist zu entnehmen:

ad 1, daß von den 47 Bahnen 7 sich im Besitz einzelner Personen bezw. Firmen befinden, nämlich Nr. 13, 16, 20, 21, 32, 38 und 45. Die übrigen 40 sind im Besitz von Aktiengesellschaften.

Von den in Deutschland gelegenen Bahnen gehören 5 englischen Gesellschaften, nämlich Nr. 10, 11, 14, 18 und 26 und 1 einer belgischen Gesellschaft, Nr. 3.

ad 2. Die Gesamtlänge der beschriebenen Bahnen beträgt 781,067 km, wobei jedoch zu bemerken ist, daß die Länge der beiden Kopenhagener Bahnen Nr. 23 und 24 nicht angegeben ist, und ebenso auch die Länge der im Jahr 1880 eröffneten beiden Strecken der Dresdener Bahn Nr. 14.

Ferner sind die Längen einiger Bahnen (Nr. 11, 14 und 22) mit Fragezeichen bezeichnet und scheinen diese etwas zweifelhaft zu sein.

23 Bahnen haben die sogenannte Normalspurweite von 1,435 m mit einer Länge von 405,477 km und zwar Nr. 1, 2, 3, 4, 5, 6, 7, 8, 10, 15, 16, 17, 18, 22, 25, 32, 33, 37, 39, 40, 42, 43, 45 u. 47.

(5 und 6 gehören 2 Gesellschaften in Bremen, können aber doch für 1 Bahn gelten). Eine etwas größere Weite als 1,435 m, nämlich 1,440 bis 1,458 m, haben 11 Bahnen mit einer Länge von 181,54 km.

Etwas weniger als die Normalspurweite, nämlich 1,430 bis 1,320 m haben 5 Bahnen mit 98,634 km.

Als eigentliche Schmalspurbahnen bleiben nur 8 mit einer Spurweite von 0,715 bis 1,10 m und einer Länge von 95,416 km und zwar Nr. 11, 19, 21, 27, 34, 38, 44 und 46. (Es besteht in Wirklichkeit eine erheblich größere Anzahl von Schmalspurbahnen, über welche Nachrichten entweder nicht eingegangen oder nicht eingefordert worden sind, auch werden namentlich in neuester Zeit sehr viele schmalspurige Bahnen erbaut.)

Die geringste Spurweite mit nur 0,715 m hat die 27 km lange Lokalbahn Taviers Embresin in Belgien Nr. 38, welche im Oktober 1879 eröffnet wurde, dann folgt die Waldenburger Bahn Nr. 44 (Liestal Waldenburg) mit 0,75 m Spur und 13,5 km Länge, die Straßenbahn Itzehoe Lägersdorf Nr. 21 mit 0,87, die Chemnitzer Pferdebahn Nr. 11

mit 0,915 m, die Lokalbahn Hermes Beaumont Nr. 19 und die Rappoldsweiler Bahn Nr. 34 mit je 1,0 m, endlich die Lübecker Pferdebahn Nr. 27 mit 1,1 m.

ad 4. Die älteste unter den aufgeführten Bahnen, welche Daten eingesendet haben, ist der im Jahr 1863 eröffnete Teil der Kopenhagener Stadtbahn, und wahrscheinlich auch die erste europäische Straßenbahn im heutigen Sinne des Worts; dann folgte Wien, Schottenring Hernals 1865, Budapest, Pest-Neu-Pest 1866,*), die überwiegende Mehrzahl aller Straßenbahnen ist neueren und allerneuesten Datums.

ad 5. Nur Personen werden befördert auf 31 Bahnen, Personen und Güter auf 13, und 3 Bahnen befördern nur Güter, Nr. 21, 22 und 46.

ad 6. 32 Bahnen werden ausschließlich mit Pferden betrieben, und es sind dieses hauptsächlich die Linien in Städten; Lokomotiven benützen 12 Bahnen und zwar:

Nr. 10. Cassel-Wilhelmshöhe.
„ 12. Como-Fino-Saronno.
„ 15. Eisenberg-Grossen.
„ 17. Haag-Scheveningen.
„ 19. Hermes Beaumont.
„ 25. Kremsthalbahn.
„ 28. Mailand Vaprio.
„ 34. Rappoldsweiler.
„ 38. Taviers-Embresin.
„ 41. Turiner-Tramway.
„ 44. Waldenburg-Liestal.
„ 47. Wutha Ruhla.

Die Straßburger Pferdeeisenbahn betreibt die beiden Stadtlinien mit Pferden, die außerhalb liegenden Linien mit Lokomotiven.

Gleichzeitig durch Pferde und Lokomotiven wird betrieben die Linie Itzehoe-Lägersdorf Nr. 21, welche auch Güter auf eigenen Wagen befördert, 40 von den Bahnen verkehren nur mit Wagen der eigenen Bahn,

*) Es stimmen diese Zeitangaben nicht genau überein mit den aus dem Werke von Osthoff entnommenen Angaben.

4 teils mit eigenen, teils mit fremden Wagen, und 2 mit den Güterwagen der anschließenden normalspurigen Bahnen.

Auf 2 Schmalspurbahnen von 1,0 m Spurweite (Rappoldsweiler und Wülfel-Döhren) werden normalspurige Güterwagen der Hauptbahnen mitttelst niedriger 8rädriger Trucks befördert.

ad 7. Bei 17 Bahnen liegt das Geleise prinzipiell seitwärts der Straße, bei 5 prinzipiell in der Mitte, bei 23 bald in der Mitte bald seitlich. Die Entfernung der Geleisemitte von dem Trottoirrandstein ist verschieden bemessen, die kleinste Entfernung mit 1,2 m hat Dresden, dann folgen Abstände mit 1,25 bis 1,30 m. Es dürfte aber weniger dieses Maß, als die Entfernung der Linie, welche der Wagenkasten beschreibt, von der Trottoirkante in Frage kommen.

ad 8. Die Wagen haben in den meisten Fällen eine Breite von 2,0 m, die Chemnitzer Pferdebahn (Schmalspur mit 0,915 m) hat Wagen mit nur 1,53 m, und die schmalspurige Lokalbahn Taviers-Embresin mit 1,56 m Breite, mehrere Bahnen haben Wagen mit 1,8 m; — 2,75 und 2,8 m breite Wagen hat die Wutha-Ruhlaer Eisenbahn, und noch breiter sind die Wagen der Wülfel-Döhrener Bahn mit 3,1 m Laderaum.

Um bequeme Sitze und einen hinlänglich breiten Gang im Wagen anbringen zu können, sollte die Wagenbreite nicht unter 2 m genommen werden.

Hinsichtlich der Gewichte der Wagen sind diejenigen der großen Berliner Pferdeeisenbahnen (einspännige) mit 1070—1200 kg die leichtesten, die Grazer Tramway hat Wagen mit 14—1600 kg, die Lübecker Pferdebahn mit 1300 kg, die Palermoer Pferdebahn offene Wagen mit 1 197 kg und die Arnheimsche Pferdebahn mit 15—1700 kg.

Andere Bahnen haben Wagen mit größeren Gewichten, so beispielsweise die Budapester Straßeneisenbahn mit 22—2400 kg, die Danziger Straßenbahnwagen mit 2 Etagen wiegen 4 250 kg und die Stuttgarter Pferdebahn bis zu 3000 kg.

ad 9, 10 und 11. In Betreff der Oberbausysteme ist hervorzuheben, daß 7 verschiedene Hauptsysteme in Anwendung sind.

A. Mit Holzunterlagen.

1. Hölzerne Querschwellen und Vignolesschienen in 11 Fällen.
2. Hölzerne Querschwellen und Stuhlschienen in 2 Fällen.

3. Hölzerne Lang- und hölzerne Querschwellen mit verschiedenen Gattungen von Flach- oder Rillenschienen in 21 Fällen.
4. Hölzerne Langschwellen und eiserne Traversen mit verschieden geformten Rillenschienen in 4 Fällen.

B. Eiserner Oberbau.

5. Eiserne Langschwellen, eiserne Traversen und Vignolesschienen in 4 Fällen.
6. Direkte Schienenauflage auf dem Unterbau in 12 Fällen.

C. Mit Steinunterlage.

7. Steinplattenpflaster, in welches Rillenschienen eingelassen sind in einem Falle.

Nach den einzelnen Oberbausystemen sind verwendet:

die Vignolesschiene in 15 Fällen: Nr. 1, 9, 12, 15, 17, 18, 19, 22, 25, 28, 38, 41, 42, 44 und 47.

Die Flach-Rillen-Rippen oder Halbmondschienen in 22 Fällen: Nr. 3, 4, 5, 8, 9, 10, 13, 14, 16, 18, 20, 21, 23, 24, 26, 27, 29, 32, 33, 35, 39, 45.

Darunter sind als System Büsing bezeichnet 2 Fälle: Nr. 8 und 14, ferner

als System Loubat 3 Fälle: Nr. 9, 26 und 39 und

als System Fischer Dick 1 Fall: Nr. 4.

Das System Demerbe ist angewendet in 5 Fällen: Nr. 2, 18, 34, 36 und 43.

Hartwichschienen finden sich in 4 Fällen: Nr. 11, 30, 31 und 37.

System Haarmann in 2 Fällen: Nr. 7 und 18.

Stuhlschienen in 2 Fällen: Nr. 6 und 29.

System Heusinger von Waldegg in 1 Fall: Nr. 46 und

Rillenschienen in Pflasterung in 1 Fall: Nr. 40.

ad 12. Den kleinsten Halbmesser für Curven mit nur 10 m hat die Barmen-Elberfelder Bahn (3), dann folgt die Kopenhagener Vorstadtbahn (24) mit 11 m, die Hannover'sche Pferdebahn (18) und die Mannheimer Pferdebahn (30) mit je 12 m, die Kopenhagener Stadtbahn (23) mit 12,65 m, die Lübecker Pferdebahn (27) mit 13 m; dann folgen

4 Bahnen mit je 15,0 m, wobei noch zu erwähnen ist, daß die kleinsten Halbmesser mit 10, 11 und 12 m bei Bahnen mit Normalspur vorkommen.

ad 13. Die größte Steigung mit 1 : 14,3 m oder 7,0% hat die mit Pferden betriebene Palermoer Bahn auf eine Länge von 30 m, dann folgt die mit Lokomotiven betriebene Casseler Trambahn mit 1 : 16,5 oder 6,06% auf 100 m Länge.

Steigungen von 1 : 20 oder 5% haben die Budapester Pferdebahn auf 267 m Länge, die Metzer Pferdebahn auf 300 m, die Stettiner Pferdebahn auf 200 m, die Lokomotivbahn Como-Fino Saronno auf 1500 m und die Turiner Tramway auf 940 m Länge.

ad 14. Die geringste Weite der Spurrille hat die Arnheimische Pferdebahn (2) mit 21 und 26 mm.

Zwei Bahnen haben Spurrillen von 40—50 mm (9 und 30), eine Bahn (12) 40—60 und eine Bahn (42) 125 mm. Die meisten Bahnen haben 30 mm weite Spurrillen.

Im allgemeinen wird sowohl von den schmalspurigen als von den normalspurigen Bahnen gesagt, daß das angewendete Spurmaß sich gut bewähre.

Die Verwaltungen der Straßenbahnen in Breslau (8) und in Hannover (18) fügen bei, daß eine Verengung des Spurmaßes auf die genaue Spurweite der gewöhnlichen Straßenfuhrwerke, für die Pflasterung von Vorteil wäre (?) weil gegenwärtig, wo die gewöhnlichen Fuhrwerke und auch die Equipagen längs des Geleises fahren dürfen, die Pflasterung an den innern Schienenkanten außerordentlich leide; im Gegenteil hiezu bemerken die Barmen-Elberfelder (3) und die Kopenhagener (23) Verwaltungen, wo die gewöhnlichen Straßenfuhrwerke fast alle das Spurmaß der Pferdebahn angenommen haben und stets die Schienen suchen, daß hiedurch schädliche Folgen sowohl für das Pflaster als für das Geleise entstehen. Für die Bestimmung des Spurmaßes der Lübecker Bahn (27) mit 1,1 m wird als Grund angegeben, daß man dadurch das Fahren der Landfuhrwerke auf derselben habe vermeiden wollen.

Die normalspurige Triester Tramway (40) bemerkt, daß ein kleineres Maß etwa 1,0 m auch genügen würde, in welchem Falle sowohl der Bau als der Betrieb der Bahn billiger sich stellen würde.

Unter den schmalspurigen Bahnen findet die Waldenburger Bahn (44), bei welcher das Spurmaß 0,75 m beträgt, daß das Spurmaß von 1,0 m mehr entsprechen würde, welch letzteres Maß auch von der Rappoltsweiler Bahn (34) als das richtige bezeichnet wird.

Da nun eine überwiegende Mehrzahl von Bahnen mit Normalspurweite die Ueberführung von Wagen der Hauptbahnen auf die Straßenbahnen wegen zu großen Radstandes, und zu enger Spurkranzrillen als unzulässig bezeichnet, und da ferner: die meisten sonst zweckmäßig eingerichteten normalspurigen Straßenbahnen einen für die Güterwagen der Hauptbahnen genügend widerstandsfähigen Oberbau nicht haben, da die Fahrgeschwindigkeit der Straßenbahnen ein breites Geleise nicht bedingt, da auch der Verkehr der weitaus meisten Straßenbahnen die nur auf der Normalspur mögliche Breite der Wagen nicht erforderlich macht (man kommt immer mehr auf einspännige oder laufende Wagen) und: da ferner der Grund, welcher bei der Wahl der Normalspur für Straßenbahnen wahrscheinlich maßgebend war, nämlich: daß bei derselben zwei Pferde innerhalb der Schienen neben einander gehen können, kaum noch durchschlagend ist, nachdem einesteils die Schienen mit ihrer Aupflasterung vollständig in gleicher Ebene mit der Straße liegen und anderenteils der einspännige Betrieb entschieden überhand genommen hat, auch mehr als wahrscheinlich ist, daß auf Bahnen, welche zweispännigen Betrieb erfordern, die Dampfkraft bald Eingang finden wird — da es kaum zweifelhaft sein dürfte, daß die seiner Zeit weniger aus sachlichen, als aus zufälligen Gründen erfolgte Wahl der Normalspur heute in den meisten Fällen nicht mehr motiviert ist — und da endlich nicht bezweifelt werden kann, daß die Schmalspur neben dem Vorteil der Zulässigkeit kleiner Curvenhalbmesser noch den größerer Billigkeit im Bau und Betrieb besitzt, so dürfte die Normalspur für eine große Mehrzahl der bestehenden Straßenbahnen als eine glückliche nicht zu bezeichnen, und zu empfehlen sein, daß der hochwichtigen Frage des anzuwendenden Spurmaßes künftig eine größere Aufmerksamkeit als bisher gewidmet werden möge.

Zur Ermittlung der Differenz der Baukosten und der Kosten der Unterhaltung wurde die nachstehende Berechnung gefertigt.

VI. Ueberschlag

über die Herstellung einer 9,0 m langen Strecke (gewöhnliche Schienenlänge) Pferdebahn

a) mit normaler Spurweite von 1,435 m,

b) mit schmaler Spurweite von 1,00 m.

Der Hauptsache nach wird die Differenz der Kosten dieselbe sein, ob die Berechnung an dem System Hartwich, Demerbe, Haarmann oder einem andern System vorgenommen wird, und nur der Umstand war bestimmend das letztere zu wählen, weil mir von demselben genaue Notizen über das Gewicht der einzelnen Teile und die Kosten des Stahl- beziehungsweise Eisenwerks pro laufenden Meter Bahn zu Gebote standen.

Die Kosten berechnen sich nun folgendermaßen:

a) bei normaler Spurweite,

1. in einer gepflasterten Straße

Ausbrucharbeiten.

Die Pflasterung ist außerhalb der Schienen auf eine Breite von je 0,70 m beiderseits also von 1,40 m und innerhalb der Schienen auf eine Breite von 1,435 m zusammen also auf 2,835 oder rund 2,85 m auszubrechen, giebt bei einer Länge von 9,0 m :· 25,65 qm, pro qm die Steine auszubrechen und an geeigneten Stellen zur Wiederverwendung aufzusetzen, die unbrauchbaren Steine aber abzuführen 50 ₰ . 12 ℳ 82 ₰

Außerdem ist der alte Kies und Sand auf eine Höhe von 10 cm zu beseitigen, giebt bei einer Breite von 2,85 m und einer Länge von 9 m :· 2,565 cbm pro cbm incl. Abfuhr auf einen städtischen Lagerplatz 1 ℳ 60 ₰ . . . . 4 ℳ 10 ₰

Ferner ist zur Einbringung eines festen Grundbaues unter beiden Schienensträngen auszugraben zwei Abstiche je lang 9,0, zus. breit 80 cm, hoch 20 cm :· 1,440 cbm; pro cbm Ausgraben und auf einen vom Unternehmer anzuschaffenden Lagerplatz zu führen 2 ℳ 60 ₰ . . . . 3 ℳ 74 ₰

Summe à Ausbrucharbeiten . . . 20 ℳ 66 ₰

Ankauf und Legen des Oberbaues.

Erforderlich sind für eine 9,0 m lange Strecke 4 Stück Schienen von Bessemer Stahl, pro lfd. Meter Gewicht für eine Schiene 14,22 kg gibt für 4 Schienen 56,88 und für 9,0 m Schienenlänge 511,920 kg.

Schmiedeisen. 2 Laschen an den Fahrschienen à 2,40 kg 4,800 „

3 Querverbindungen à 4,3 kg . . . . 12,900 „

Die nötigen Schraubenbolzen und Gußklötze wiegen 82,245 „

Gewicht für 9 m Länge . . . 611,865 kg,

somit für 1,0 m = 67,985 kg.

Der laufende Meter dieses Eisenwerks kostet derzeit nach einer Mitteilung des Stahlwerks Osnabrück loco Bahnhof Stuttgart 13 ℳ 75 ₰, somit 9 laufende Meter . . . . 123 ℳ 75 ₰.

Die Transportkosten pro 10000 kg vom Bahnhofe auf die Verwendungsstelle betragen 10 ℳ, somit für das Gewicht von 611,865 kg für eine 9 m lange Strecke — ℳ 61 ₰

Für das Legen des Oberbaues in geraden Linien und Curven wird pro lfd. Meter vorgesehen durchschnittlich 60 ₰, somit für 9,0 m . . . . 5 ℳ 40 ₰

Zusammen für den Ankauf, Transport und Legen des Oberbaues . . . . 129 ℳ 76 ₰.

Wiederherstellung der Pflasterung.

Unter den beiden Schienensträngen ist zur Beschaffung einer festen Unterlage ein Grundbau einzustellen, welcher mißt: 9 m lang, zus. 80 cm breit = 7,20 qm; pro qm bei 20 cm Höhe 70 ₰ 5 ℳ 04 ₰.

Außerhalb der beiden Schienenstränge sind anzupflastern 2 Streifen zusammen breit . . 1,318

innerhalb der Schienen 1 Streifen . . 1,293

zus. . . 2,611 brt.

oder rund 2,63 m giebt für 9 m Länge zus. 23,67 qm.

Hievon können von alten Steinen erstellt werden ⅓tel oder rund 8,00 qm; pro qm Handarbeit und Beigabe von Sand und Kies 3 ℳ . . . . 24 ℳ — ₰

Der Rest mit 15,67 qm ist von neuen Melaphyrsteinen herzustellen, und kostet der qm samt aller Arbeit und Materialien 11 ℳ . . . . 172 ℳ 37 ₰

Zusammen für die Wiederherstellung der Pflasterung . 201 ℳ 41 ₰.

Zusammenstellung.

Es berechnen sich die Kosten für eine 9,0 m lange Strecke mit Normalspurweite in einer gepflasterten Straße:

Ausbruch der Pflasterung . .	:· 20 ℳ 66 ₰
Herstellung des Oberbaues . .	:· 129 ℳ 76 ₰
Wiederherstellung der Pflasterung	:· 201 ℳ 41 ₰
Zusammen . .	:· 351 ℳ 83 ₰,

somit pro laufenden Meter 39 ℳ 09 ₰.

Kosten einer gleichlangen Strecke mit Normalbreite

2. in einer chaussierten Straße.

Ausbrucharbeiten.

Die Chaussierung der Fahrbahn ist auf eine Länge von 9,0 m, eine Breite von 2,15 m und eine Höhe von 34 cm auszubrechen mit 6,579 cbm

außerdem sind auszugraben unter beiden Schienensträngen zur Einbringung einer Vorlage 2 Abst. je 9,0 m lg., zus. 1,0 m breit und 10 cm hoch . . . . . 0,900 cbm

zusammen . :· 7,479 cbm

oder rund 7,48 cbm

pro cbm wegen der Schwierigkeit des Ausbrechens 3 ℳ — 22 ℳ 44 ₰.

Hiebei ist noch inbegriffen, daß das noch brauchbare Material von dem Kleingeschläg auf einen städtischen Lagerplatz zur Wiederverwendung abgeführt, die Vorlage aber, insoweit sie noch brauchbar ist, an dem Rand der Fahrbahn gelagert wird. Der Oberbau kostet, wie oben berechnet . . . . — 129 ℳ 76 ₰.

Das Wiedereinsetzen der Chaussierung wird kosten:

Die Vorlage mit 20 cm Höhe kann zur Hälfte aus alten Steinen hergestellt werden;

sie mißt:

2 Abst. zus. brt. 2,0 m, giebt bei 9 m Länge 18,00 qm.

Hievon die Hälfte mit 9,00 qm von alten Steinen, Einsetzen und gut verzwicken pro qm 20 ₰ . . . — 1 ℳ 80 ₰.

1 ℳ 80 ₰

Transport . 1 ℳ 80 ₰

Die andere Hälfte ist mit neuen Steinen herzustellen pro qm 70 ₰, giebt für 9,0 qm . . . 6 ℳ 30 ₰,
außerdem ist von neuen Steinen herzustellen unter den Schienensträngen eine Vorlage von 10 cm Höhe, 9,0 m lang, 1,2 m breit = :· 10,80 qm à 40 ₰ . . . 4 ℳ 32 ₰.

Das Kleingeschläg in einer Höhe von 12 cm ist neu einzubringen und zwar von Porphyrsteinen aus Dossenheim bei Heidelberg und kostet der qm incl. Festwalzen 2 ℳ, giebt bei 9,0 m Länge und 2,1 m Breite 18,900 qm somit . . . . 37 ℳ 80 ₰

Zusammen für die Wiederherstellung der Chaussierung 50 ℳ 22 ₰.

Zusammenstellung.

Es wird somit eine 9,0 m lange Strecke mit normaler Spurweite in einer chaussierten Straße kosten:

Ausbrucharbeiten . . . . :·	22 ℳ 44 ₰
Der Oberbau . . . . :·	129 ℳ 76 ₰
Wiederherstellung der Chaussierung . :·	50 ℳ 22 ₰
Zusammen . . :·	202 ℳ 42 ₰,

somit pro laufenden Meter = 22 ℳ 49 ₰.

b) Für eine 9,0 m lange Strecke mit Schmalspurweite von 1,0 m berechnen sich die Kosten

1. in einer gepflasterten Straße.

Ausbrucharbeiten.

Außerhalb der beiden Schienenstränge ist die Pflasterung beiderseits auf dieselbe Breite auszubrechen wie bei der Normalspur, nämlich je 0,70 m, also beiderseitig 1,40 m; innerhalb der Schienenstränge beträgt die Breite 1,00 m, somit zusammen 2,40 m, giebt bei 9,0 m Länge 21,60 qm; pro qm die Steine ausbrechen, die brauchbaren in der Nähe zur Wiederverwendung zu lagern und die unbrauchbaren auf einen städtischen Lagerplatz abzuführen 50 ₰ . . . . 10 ℳ 80 ₰.

Der alte Kies und Sand ist auf eine Höhe von 10 cm auszugraben und abzuführen 9,0 m lg., 2,4 m brt.,

Transport 10 ℳ 80 ₰

10 cm hoch :· 2,160 cbm; pro cbm auf einem städtischen Lagerplatz zu führen 1 ℳ 60 ₰ . . . . 3 ℳ 46 ₰

Ferner ist zur Einbringung eines festen Grundbaues unter den beiden Schienensträngen weiter auszugraben: 2 Abst. lg. 9,0 m, zus. brt. 80 cm, hoch 20 cm = 1,440 cbm; pro cbm graben und auf einen von dem Unternehmer anzuschaffenden Lagerplatz abzuführen 2 ℳ 60 ₰ . . . . 3 ℳ 74 ₰

Summe der Ausbrucharbeiten . :· 18 ℳ — ₰.

Ankauf und Legen des Oberbaues.

Der Oberbau ist bei der schmalspurigen Bahn derselbe wie bei der normalspurigen, nur die drei Querverbindungen werden um je 0,435 m kürzer; was nach einer Mitteilung des Stahlwerks Osnabrück im Ankaufspreise pro laufenden Meter 10 ₰ Unterschied und bei 9 m Länge 90 ₰ zu Gunsten der Schmalspurbahn ausmacht, so daß an Stelle der oben berechneten 123 ℳ 75 ₰ in Rechnung zu nehmen sind 122 ℳ 85 ₰.

Das Gewicht eines laufenden Meters Schmalspurbahn wird von der eben genannten Firma auf 67,85 kg angegeben, somit für 9,0 m Länge 610,65 kg, der Transport auf die Baustelle kostet pro 10000 kg 10 ℳ, somit für 610,65 kg . . . . — ℳ 61 ₰.

Das Legen des Oberbaues kostet pro lfd. Meter wie bei der Normalspurweite 60 ₰, somit für 9,0 m 5 ℳ 40 ₰.

Zusammen für Ankauf, Transport und Legen des Oberbaues . . . . :· 128 ℳ 86 ₰.

Wiederherstellung der Pflasterung.

Ein Grundbau unter die Schienen mit 9,0 m Länge und zusammen 0,8 m Breite kostet wie oben . . . . 5 ℳ 04 ₰.

Außerhalb der beiden Schienenstränge sind wieder anzupflastern

eine Breite von	1,318 m
innerhalb der Schienen . . .	0,860 m
Zusammen . . :·	2,178 m

oder rund 2,20 giebt bei 9,0 m Länge 19,80 qm.

Transport . 5 M 04 ₰

Hievon können von alten Steinen gefertigt werden ¹/₃tel mit 6,60 qm; pro qm 3 M . . . . 19 M 80 ₰.

Der Rest mit ²/₃tel oder 13,20 qm ist von neuen Steinen herzustellen à 11 M . . . . . . 145 M 20 ₰.

Zusammen für die Wiederherstellung der Pflasterung :· 170 M 04 ₰.

Zusammenstellung.

Es berechnen sich die Kosten für eine 9,0 m lange Strecke mit Schmalspurweite in einer gepflasterten Straße:

Für den Ausbruch der Pflasterung . :· 18 M — ₰

Herstellung des Oberbaues . . . :· 128 M 86 ₰

Wiederherstellung der Pflasterung . :· 170 M 04 ₰

Zusammen . . :· 316 M 90 ₰.

und pro laufenden Meter 35 M 21 ₰.

Kosten einer gleichlangen Strecke

2. in einer chaussierten Straße.

Ausbrucharbeiten.

Die Chaussierung der Fahrbahn ist auszubrechen 9,0 m lang, 1,76 m breit, 34 cm hoch . . . . . . :· 5,386 cbm,

außerdem sind noch auszugraben für das Einbringen einer Vorlage unter den beiden Schienensträngen wie oben :· 0,900 cbm

:· 6,286 cbm

pro cbm 3 M . . . . 18 M 86 ₰.

Das Anschaffen und Legen des Oberbaues kostet wie oben bei der gepflasterten Straße 128 M 86 ₰.

Die Wiedereinsetzung der Chaussierung wird kosten:

Die Vorlage mit 20 cm Höhe kann zur Hälfte aus alten Steinen hergestellt werden.

Dieselbe mißt: 9,0 m lg., 1,70 m brt. 15,30 qm.

Hievon kann die Hälfte aus alten Steinen hergestellt werden und kostet der qm einsetzen und gut auszwicken 20 ₰, giebt für 7,6 qm . . . . . 1 M 52 ₰.

1 M 52 ₰

Transport . 1 ℳ 52 ₰

Die andere Hälfte ist von neuen Werksteinen herzustellen, pro km 70 ₰, giebt für 7,7 qm . . . 5 ℳ 39 ₰,

außerdem ist noch eine 10 cm hohe Vorlage unter den Schienensträngen von neuen Steinen anzubringen, 9,0 m lg., 1,2 m brt., 10,80 qm pro qm 40 ₰ . 4 ℳ 32 ₰.

Das Kleingeschläg ist neu und von Porphyrsteinen herzustellen, 9,0 m lg., 1,70 m brt., 15,30 qm, pro qm incl. aller Arbeit, und Walzen ꝛc. 2 ℳ . 30 ℳ 60 ₰.

Zusammen :· 41 ℳ 83 ₰.

Zusammenstellung.

Es beträgt somit der Aufwand für eine 9,0 m lange Bahnstrecke mit Schmalspur in einer chaussierten Straße:

Ausbrucharbeiten	:· 18 ℳ 86 ₰
Oberbau	:· 128 ℳ 86 ₰
Wiederherstellung der Chaussierung	:· 41 ℳ 83 ₰
Zusammen . .	:· 189 ℳ 55 ₰,

oder pro laufenden Meter 21 ℳ 06 ₰.

Es berechnen sich somit die Baukosten pro laufenden Meter Bahnlänge

	in gepflast. Straßen:		in chaussiert. Straßen:
a) bei der Normalspur auf	39 ℳ 09 ₰		22 ℳ 49 ₰
b) bei der Schmalspur auf .	35 „ 21 „		21 „ 06 „
also bei letzterer weniger .	3 „ 88 „	bezw.	1 „ 43 „

Berechnet man diese Differenzen im Kostenpunkt für den Bau der Linie Pragfriedhof—Reuchlinsstraße mit 3635 m Länge, bei welcher die Länge der durchschnittenen gepflasterten Straßen 1085 m und die der durchschnittenen chaussierten Straßen 2550 m beträgt, so ergeben sich folgende Minderbeträge zu Gunsten der Schmalspurbahn mit 1,0 m Spurweite

bei den gepflasterten Straßen 1085 m à 3 ℳ 88 ₰ . 4209 ℳ 80 ₰

bei den chaussierten Straßen 2550 m à 1 ℳ 43 ₰ . 3646 ℳ 50 ₰

Zusammen . . :· 7856 ℳ 30 ₰.

Die Anlagekosten der Strecke Reuchlinsstraße—Pragfriedhof betragen somit ohne die Kosten für Weichen und Kreuzungen so wie für Aenderungen an Gas- und Wasserleitungen ꝛc.

für die Normalspur

in gepflasterten Straßen:

1085 m à 39 ℳ 09 ₰ = 42412 ℳ 65,

in chaussierten Straßen:

2550 m à 22 ℳ 49 ₰ = 57349 ℳ 50

99762 ℳ 15 ₰.

Für die Schmalspur

in gepflasterten Straßen:

1085 m à 35 ℳ 21 ₰ = 38202 ℳ 85,

in chaussierten Straßen:

2550 ℳ à 21 ℳ 06 ₰ = 53703 ℳ 10

91905 ℳ 85 ₰.

Für die Schmalspur weniger . . 7856 ℳ 30 ₰.

Unterhaltungskosten.

Zur Berechnung des jährlichen Unterhaltungsaufwands wird bei der Pflasterung pro Jahr und Quadratmeter 45 ₰ und bei der Chaussierung 66 ₰ zu Grunde gelegt.

Ferner wird vorausgesetzt, daß mit Rücksicht auf die Verwendung von Stahlschienen, welche eine lange Dauer haben, Ausbesserungen sowohl an der Pflasterung als an der Chaussierung nur dann notwendig werden, wenn schadhafte Schienen ausgewechselt werden müssen, so daß nur diejenige Straßenfläche in Berechnung zu nehmen ist, welche durch das Betreten der Pferde der Bahngesellschaft abgenützt wird, also die zwischen den beiden Schienen liegende Strecke. Selbstverständlich hat die Gesellschaft beim Auswechseln der Schienen auch die außerhalb derselben gelegenen Straßenstreifen wieder herstellen zu lassen, da dieses aber selten vorkommen wird, so werden zu dem vorliegenden Zwecke diese geringen Kosten vernachläßigt werden dürfen.

Bei der Normalspur beträgt die Breite der Straße zwischen den Schienenköpfen 1,3 m und somit die Quadratfläche auf den laufenden Meter 1,30 qm.

Bei der Schmalspur ist die Breite nur 0,86 m und die Quadratfläche auf den laufenden Meter 0,86 qm, und berechnen sich somit die jährlichen Unterhaltungskosten

	in gepflast. Straßen:	in chaussiert. Straßen:
bei der Normalspur	1,30 qm à 45 ₰ = 58,5 ₰	1,30 qm à 66 ₰ = 86 ₰
bei der Schmalspur	0,86 „ à 45 „ = 39 „	0,86 „ à 66 „ = 57 „

somit für letztere weniger pro qm 19,5 ₰ beziehungsweise 29 ₰.

Diese Beträge auf die 3635 m lange Strecke, vom Pragfriedhof bis zur Reuchlinsstraße, angewendet giebt bei den gepflasterten Straßen mit 1085 m Länge à 19,5 ₰ . . . . 211 ℳ 57 ₰,
bei den chaussierten Straßen mit 2550 m Länge à 29 ₰ 739 ℳ 50 ₰.

Zusammen . . :· 951 ℳ 07 ₰,

als jährliche Ersparnis an den Unterhaltungskosten bei Anlage einer Schmalspurbahn.

Rechnet man hiezu die jährlichen Zinse für die oben berechneten Mehrkosten der Anlage der Normalspurbahn mit 7856 ℳ 30 ₰ à 4% mit 314 ℳ 25 ₰ so werden im ganzen bei Anlage der Schmalspurbahn auf der Strecke Pragfriedhof—Reuchlinsstraße jährlich erspart:

durch die Verzinsung des Anlagekapitals . . 314 ℳ 25 ₰,
durch die Minderausgabe an Unterhaltungskosten 951 ℳ 07 ₰,

zusammen . . :· 1265 ℳ 32 ₰.

Ein weiterer Punkt, welcher von wesentlichem Einfluß auf den Kostenpunkt der beiden Systeme wäre, ist nicht vorhanden, da nach einer Mitteilung der Firma Herbrand u. Comp., Wagenfabrik in Ehrenfeld bei Köln vom 8. September d. J. die Kosten der Pferdebahnwagen für eine schmalspurige Bahn nicht billiger sind als die Wagen für eine Normalspurbahn.

VII. Die Geleise in der Kriegsbergstraße zur Beförderung von Güter- und Viehwagen.

Bei den im Jahr 1881 bearbeiteten Planen für die Anlage eines Schienengeleises in der Kriegsbergstraße zwischen dem Güterbahnhof der Kgl. Eisenbahnverwaltung und der Gewerbehalle bezw. dem Schlachthaus, handelte es sich um ein Geleise für den Transport von Güterwagen und es war die gleichzeitige Benützung des Geleises zur Beförderung von Personen damals nicht in Aussicht genommen.

Für die Beförderung dieser Güterwagen war beabsichtigt, das Geleise in die Mitte der Straße zu legen und Hartwichschienen mit angeschraubten Winkeln, wie sie in München eingeführt sind, zu verwenden; für die größeren Spurkränze der Räder an den Güterwagen mußten auch die Spurrillen mit entsprechenden Maßen in Rechnung genommen werden und wurde hiefür eine Weite von 44 mm und eine Tiefe von 38 mm für genügend erachtet, während diese Dimensionen bei den Pferdebahnen für Personentransport nur zwischen 30 und 35 mm weit und 26 mm tief sind.

Da nun aber bei der jetzt beabsichtigten Bahnerweiterung in der Kriegsbergstraße wenigstens auf der Strecke zwischen dem Güterbahnhof und der Friedrichsstraße und später möglicherweise bis hinauf zu dem schon erwähnten Schlachthaus, sowohl Personen- als Güterwagen befördert werden sollen, so ist das frühere Projekt umzuarbeiten und in Betreff des anzuwendenden Schienenprofils, sowie der Situierung der Geleise 2c. folgendes in Betracht zu ziehen.

Die Weite der Spurrille ist wegen ihres Einflusses auf den Verkehr mit gewöhnlichen Fuhrwerken von hervorragender Wichtigkeit, namentlich aber dann, wenn sie im Kopfe der Schiene selbst liegt, wie bei dem System Demerbe und den vielen unsymetrischen rillenförmigen Rippenschienen, und ebenso, wenn die Spurrille durch Doppelschienen oder durch festangeschraubte Winkelschienen gebildet wird, wie bei dem System Haarmann und bei den Hartwichschienen, weil auch bei diesen Systemen die Weite der Rille eine unveränderliche ist.

Liegen die Rillen außerhalb des Schienenkopfes und werden sie nur durch die Art und Weise der Anpflasterung, und in den chaussierten Straßen durch das Setzen von Rand- oder Bordsteinen gebildet, wie dieses bei den Vignoles- und Hartwichschienen ohne angeschraubte Winkelschienen der Fall ist, so ist ihre Weite infolge der mit der Zeit durch das Reiben der Spurkränze eintretenden Abnützung der Steine veränderlich und es kann durch diese fortwährende Abnützung die Weite der Spurrille solche Dimensionen annehmen, daß sie für den gewöhnlichen Wagenverkehr nachteilig wird.

Für die Straßenbahnen soll nämlich wie schon erwähnt, die Weite der Spurrille nicht über 30, höchstens 35 mm betragen, weil bei dieser Weite der Verkehr mit gewöhnlichen Fuhrwerken nicht gefährdet ist, da auch bei den herrschaftlichen Equipagen, deren Radfelgen oft nur 36 mm Breite haben, nicht zu befürchten ist, daß sie in die Spurrille einsinken.

Für die Vollbahnen sind nach den technischen Vereinbarungen des Vereins deutscher Eisenbahnverwaltungen über den Bau und die Betriebseinrichtungen der Haupt-(Voll-)Eisenbahnen Berlin 1882 für Wegübergänge in freier Bahn 67 mm und für die Bahnhöfe 41 mm Weite vorgeschrieben.

§ 163 bestimmt, daß die Breite der Radreife bei Lokomotiven, Tendern und Wagen nicht unter 130 und nicht über 150 mm betragen dürfe. In § 164 ist gesagt, daß die Höhe der Spurkränze von der Oberkante der Schienen gemessen bei mittlerer Stellung der Räder nicht weniger als 25 mm und auch im Zustande der größten Abnützung nicht mehr als 35 mm betragen dürfe.

Für die
freie Bahn Bahnhöfe
Maßstab 1/10.

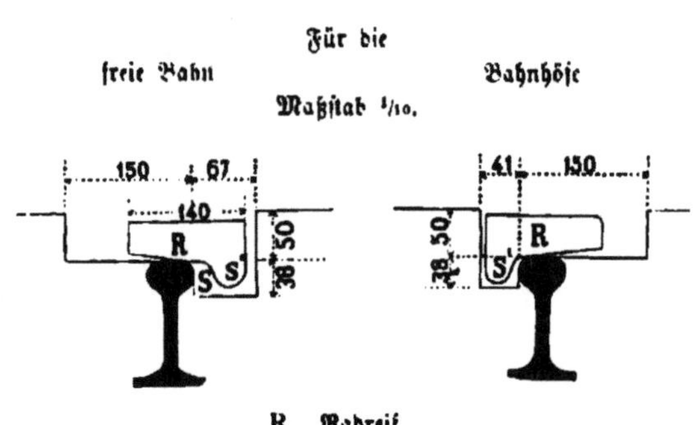

R. Radreif.
S. Spurrille.
S'. Spurkranz.

Über die Dicke der Spurkränze ist eine Bestimmung nicht gegeben, dagegen schreibt der § 165 vor, daß der Spielraum für die Spurkränze bei normaler Spurweite nicht unter 10 mm und auch bei der größten zulässigen Abnützung nicht über 25 mm betragen dürfe.

In § 168 ist bestimmt, daß der lichte Abstand zwischen den Rädern (innere lichte Entfernung zwischen den beiden Radreifen) in normalem Zustande 1,360 m betragen müsse.

In der Regel haben die Spurkränze eine Stärke von 33 mm, rechnet man hiezu den in § 165 vorgeschriebenen Spielraum von 10 mm, so ergiebt sich hier die Weite der Spurrillen, in welcher sich die Wagen der Vollbahn noch bewegen können, von 43 mm.

Es ist aber wohl zu beachten, daß die Weite von 67 mm, auf welche auch Lipken in seiner Zuschrift vom 18. Juni d. J. hinweist, für Hauptbahnen vorgeschrieben ist, welche mit einer Geschwindigkeit von 30 km pro Stunde fahren, während auf den Pferdebahnen nur mit einer Geschwindigkeit von 10 km pro Stunde gefahren wird, auch wird bei dem Transport der Güterwagen, welche in der Kriegsbergstraße hin- und hergehen, infolge der dortigen Gradienten mit 2,6% Fall und 2,5%

Steigung, namentlich bei Anwendung der Bremse die Geschwindigkeit eine sehr geringe sein.

Wenn aber auch eine Weite der Spurrille von 40—45 mm für das Geleise der Güterwagen genügen würde, so kann ich doch zur Anlage eines solchen Geleises nicht raten, weil der Verkehr mit gewöhnlichen Fuhrwerken hiedurch gefährdet würde und das umsomehr, wenn ein Oberbausystem gewählt wird, bei welchem die Weite der Spurrille eine unveränderliche ist, und ein solcher Oberbau sollte unter allen Umständen angestrebt werden.

Es soll zwar nicht unterlassen werden, hier darauf hinzuweisen, daß unsere bestehende Pferdebahn, namentlich in den Curven, auch Stellen zeigt, in welchen die Spurrille sich bis zu 60 mm erweitert hat. Wenn dessen ungeachtet in letzterer Zeit nichts mehr von Radbrüchen 2c. verlautete, wie in früheren Jahren, so läßt sich dieses nur dadurch erklären, daß sich unsere Kutscher hüten, die Bahngeleise mit ihren Gefährten zu befahren, und wenn sie genötigt sind, dieses zu thun, sie mit großer Vorsicht fahren und ihre gemachten Erfahrungen benützen.

Auch unter den beschriebenen auswärtigen Bahnen sind mehrere, welche die gewöhnliche Weite der Spurrille von 30—35 mm erheblich übersteigen, so die Bremer Pferdebahn (5) mit 50 mm; die Budapester Straßenbahn (9) mit 40—50 mm; die Dampfstraßenbahn Como-Fino-Saronno (12) mit 40—60 mm; die Mannheimer Pferdebahn (30) mit 40—50 mm und endlich die Uetersener Bahn (42) mit 125 mm.

Über diese Bahnen ist auf Seite 44 des „Organs" gesagt, daß bei der Bremer Pferdebahn durch die angewendete Schiene (Flachschiene mit erhöhter Lauffläche) die gewöhnlichen Fuhrwerke auf das schlimmste beeinträchtigt werden; die Räder dieser Fuhrwerke setzen sich in dem Geleise fest und sei dann ein Ausweichen oft sehr schwer. Bei der Budapester Bahn werde der Verkehr mit den gewöhnlichen Straßenfuhrwerken bei gut erhaltener Pflasterung nicht beeinträchtigt und es sei die Rinne dem ortsüblichen Fuhrwerk entsprechend auf 40 mm Weite normiert. In der Mitte einer chaussierten Straße wäre das Geleise störend.

Bei der Dampfstraßenbahn Como-Fino-Saronno können die gewöhnlichen Fuhrwerke das Geleise nur in Strecken überfahren, wo dasselbe zwischen Häusern liegt, und es werde der Verkehr hiedurch nicht beeinträchtigt. Die angewendete Breite der Rille, welche als die größte zulässige erkannt wird, beträgt in diesem Falle 40 mm.

Über die Mannheimer Pferdebahn ist in dem „Organ" nichts enthalten, weil die Frage über den Oberbau von der dortigen Verwaltung nicht beantwortet wurde; es sind aber bei dieser Bahn Schienen, ähnlich wie bei der Metzer Tramway (31) System **de Féral** verwendet, bei welcher die Spurrille wenigstens teilweise außerhalb des Schienenkopfes liegt, so daß sich die Weite der Rille durch die Räder der Fuhrwerke selbst bildet, wie es in der hiesigen Stadt an denjenigen Stellen, welche nicht mit angeschraubten Winkelschienen versehen sind, heutigen Tages auch noch der Fall ist.

Es hat sich ein Mannheimer Techniker über diesen Oberbau dahin geäußert, obwohl das System daselbst ein sehr primitives sei, habe man sich doch mit demselben befreundet und seien die anfänglichen Klagen über Belästigung des Fuhrwerkverkehrs ganz verstummt, wobei jedoch in Betracht komme, daß die Straßen eine ziemliche Breite haben. Endlich ist in Betreff der Uetersener Bahn mit Vignolesschienen (Seite 46) gesagt, daß der Verkehr der Straßenfuhrwerke beeinträchtigt werde, weil Fuhrwerke, welche außerhalb des Geleises fahren, nur bei schiefer Wendung gegen die Schienen ungefährdet wieder auf den Fahrdamm gelangen können, und auch dieses sei nie ohne Stöße auszuführen. Während in der ersten Zeit Achsen und Räder von Privatfuhrwerken brachen, komme dieses infolge der Übung der Kutscher höchstselten mehr vor. Man hat also bei der Uetersener Bahn mit ihren Vignolesschienen ganz dieselben Erfahrungen gemacht, wie in hiesiger Stadt mit den Hartwichschienen ohne angeschraubte Winkelschienen.

Auf diese Thatsache, daß die Weite der Spurrille für Geleise zum Befahren mit Güterwagen eine solche sein muß, daß sie für den gewöhnlichen Fuhrwerksverkehr nicht schädlich werden kann, ferner, daß es speziell für den nordwestlichen Stadtteil sehr wichtig sei, wenn die neu zu legenden Geleise auch ein Befahren mit Vollbahnwagen gestatten, um dadurch zur Entlastung vieler Straßen von dem schweren Fuhrwerke beizutragen, im weiteren, daß die Anwendung der Trucks bei Normalspurbahnen praktisch bis jetzt unmöglich sei, weil Gewicht und Preis derselben dauernd entgegenstehen werden, stützt Herr Lipken neben andern Gründen seinen Antrag auf Erstellung einer Schmalspurbahn in dem nordwestlichen Stadtteil, und selbstverständlich müßte dann diese Weite von 1 m auch bei späteren Erweiterungen in dem genannten Stadtteil zur Anwendung kommen.

Was den zweiten Punkt, nämlich das Befahren der Straßenbahngeleise mit Güterwagen der Vollbahn betrifft, so ist in dem „Organ" S. 43 die Frage (Nr. 31) gestellt.

Gestattet das Bahngeleise den Übergang von Wagen der Vollbahnen ohne Nachteil für das Geleise.

Eine Beantwortung ist von 29 Verwaltungen von Normalspurbahnen eingelaufen und es haben 11 mit ja, 18 mit nein geantwortet; die letzteren haben als Grund die geringe Rillenbreite, das schwache Schienengeleise, den großen Radstand der Vollbahnwagen und die Verschiedenheit der Wagenkuppelung angegeben.

Die 11 bejahenden sind:

1. Die Arader Straßenbahn (1).
2. Die Dampftramway Como-Fino-Saronno (12).
3. Die Eisenberg-Großener Eisenbahn (15) stellt die Bedingung, daß der feste Radstand nicht über 5,0 m betrage.
4. Die Königsberger Pferdebahn (22) auf welchen überhaupt nur Vollbahnwagen fahren.
5. Die Kopenhagener Vorstadtbahn (24).
6. Die Kremsthalbahn (25).
7. Die Stettiner Straßenbahn (35).
8. Die Temesvarer Straßenbahn (39).
9. Die Dampftramway Turin-Moncalieri und Turin-Gassino (41).
10. Die Pferdebahn Uetersen-Tornesch (42), und
11. Die Eisenbahn Wutha-Ruhla (47).

Von diesen Bahnen haben 8 Vignolesschienen, nämlich Nr. 1, 12, 15, 22, 25, 41, 42 und 47, bei welchen die Spurrille außerhalb des Schienenkopfes liegt und deren Weite veränderlich ist.

Von den übrigen 3 haben Nr. 24 unsymetrische Rillenschienen, Nr. 35 und 39 unsymetrische rillenförmige Rippenschienen, letztere mit 40 mm weiter Spurrille.

Daß in hiesiger Stadt die Benützung der Straßenbahngeleise durch die Güterwagen der Vollbahnen eine häufige werden wird, wird nicht anzunehmen sein, bis jetzt sind wenigstens von den bedeutenderen Handlungsfirmen Wünsche in dieser Richtung nicht laut geworden; in technischer Beziehung bilden die kleinen Halbmesser der curvenförmigen Geleise und die ungünstigen Steigungsverhältnisse mehrerer Straßen ein wesentliches Hindernis, auch würde ein Oberbau mit hinreichend starken Schienen den Bau nicht unerheblich verteuern und endlich würden die Güterwagen mit ihren 3 m breiten Kasten, namentlich in den engeren Straßen, über die zum Aus- und Einladen notwendige Zeit, den gewöhnlichen Verkehr beeinträchtigen.

Nach meinem Dafürhalten dürfte die Benützung der Straßenbahngeleise zum Transport der Güterwagen außer Acht gelassen werden.

Es dürfte hier eine passende Stelle sein, etwas näheres über die Einrichtung der schon öfters erwähnten sogenannten Trucks, oder **Patent transporteure**, wie sie die Röll'sche Wagenfabrik in Würzburg nennt, in welcher sie hergestellt werden, zu sagen.

Nach der angeschlossenen Planskizze ist es im wesentlichen ein starkes eisernes Gestell mit etwa 4,0 m Länge und 1,4 m Breite, welches sich auf 8 kleinen Rädchen mit je 500 mm Durchmesser auf den Schienen der Schmalspurbahn fortbewegt. Von diesen Rädchen sind je 4 mittelst ihrer beiden Achsen und einem kreuzförmigen Träger zu einem Ganzen fest verbunden und auf diesem Träger werden die Räder der Vollbahnwagen mittelst Bolzen, welche durch Keile angezogen werden können, festgehalten.

Auf dem Bahnhof der Vollbahn muß das Schienengeleise der Schmalspurbahn auf einige Vollbahnwagenlängen um 30 cm tiefer gelegt werden als das Geleise der Vollbahn.

Der von dem Trucks aufzunehmende Vollbahnwagen steht auf dem Geleise der Hauptbahn, und es wird, nachdem mit dem Trucks an das Vollbahngeleise angefahren worden ist, der Güterwagen auf das Trucks geschoben und auf letzterem weiter transportiert.

Fassen wir nun zusammen, was mit der Anlage eines Geleises für den Transport der Güterwagen von Vollbahnen im allgemeinen und speziell mit dem Transport der Viehwagen bis zum Schlachthaus in mittelbarem und unmittelbarem Zusammenhang steht, so ergiebt sich als Notwendigkeit:

1. Die Einführung der Schmalspur mit Trucks, weil, wie oben hervorgehoben, auf Geleisen mit der gewöhnlichen Weite der Spurrille keine Güterwagen transportiert werden können und die Anfertigung von Trucks für Bahnen mit Normalspuren schwierig und kostspielig, auch für den Verkehr wegen des großen Gewichts lästig ist.

Hinsichtlich der Möglichkeit des Bremsens der Trucks beim Abwärtsfahren vom Güterbahnhof aus, habe ich mich an die Nöll'sche Waggonfabrik in Würzburg gewendet und von derselben die Antwort erhalten, es könne mittelst einer sog. Schleppbremse, welche durch die Belastung eines Begleitmanns auf dem Schienengeleise schleift, gebremst werden, und wurde eine Zeichnung dieser Bremse beigelegt.

2. Die Anlage von vertieften Geleisen auf dem Güterbahnhof mit etwa 30 m Länge zum Überführen der Wagen von den Bahnhofgeleisen auf die Trucks.

3. Die Benützung eines ziemlich großen Teiles des hofkammerlichen Holzgarten zur Anlage von Geleisen, Weichen und einer Viehverladerampe, weil die Bahngeleise infolge der allzustarken Steigung und Mangels an Raum nicht bis in das Innere des Hofes des Schlachthauses fortgeführt werden können, sondern auf das Areal des Holzgartens gelegt werden müssen.

4. Das Reinigen und Desinfizieren von jährlich etwa 2000 Viehwagen, wovon an Einem Tage im Maximum 25 ankommen können; diese Wagen müssen nach § 3 der Ausführungsbestimmungen für Württemberg zum Reichsgesetz vom 25. Februar 1876, betreffend die Beseitigung von Ansteckungsstoffen bei Viehbeförderungen auf Eisenbahnen, auf der Entladestation längstens binnen 24 Stunden desinfiziert werden und es ist der Preis des Wagens auf 1 *M.* festgestellt.

5. Die Fläche zwischen und neben den Geleisen, auf welche die zu desinfizierenden Wagen aufgestellt werden, sind, wie dieses auf dem hiesigen Güterbahnhof geschehen, mit einer Betonschichte und Abzugskanälen zu versehen, damit das überschüssige Wasser nicht in den Boden einsickert, sondern von der Bahnoberfläche in die Kanäle abfließen kann.

Um den obigen Anforderungen zu genügen, wird außer dem Geleise für den Personentransport die Anlage eines besonderen Geleises für den Gütertransport zur Gewerbehalle und den Viehtransport zum Schlachthaus notwendig werden, indem die Art des Betriebs der Bahn für den Personenverkehr und des Betriebs auf dem Geleise für die Güterwagen so verschieden ist, daß sie nicht wohl nach einer Schablone behandelt werden können.

Außer der Stellung der nötigen Anzahl von Zugtieren, sobald solche verlangt werden gegen eine festzustellende Vergütung, wird der Gesellschaft, welcher die Konzession zum Bau der Bahn erteilt werden wird, kaum etwas weiteres zugemutet werden können.

In Betreff der Einlegung zweier Geleise in die Kriegsbergstraße ist zu erwähnen, daß dieses bei der 12,2 bezw. 8,5 m breiten Fahrbahn keine nennenswerten Schwierigkeiten haben kann; über die Anlage der erforderderlichen Ausweichstellen wären die nötigen Vorschriften später zu geben.

VIII. Vorteile des einheitlichen Betriebs ꝛc.

Die weitere Frage, welchen Vorzug das einheitliche Schienengeleise sowie der einheitliche Betrieb, und welche Nachteile zwei Gesellschaften mit Bahnen verschiedener Spurweite haben, gibt zu folgenden Erörterungen Anlaß:

Es ist schon früher kurz angedeutet worden, daß bei Verkehrsinstituten, wie Pferdebahnen, das Bestreben auf Zentralisation und einheitlichen Betrieb vorhanden sei, und daß deshalb die Möglichkeit einer späteren Fusionierung beider Gesellschaften nicht für alle Zeiten ausgeschlossen werden sollte.

Wenn nun ein einheitlicher Betrieb möglich sein soll, so müssen auch die technischen Einrichtungen so beschaffen sein, daß sie einem solchen nicht entgegenstehen und hiezu gehört in erster Linie eine gleichmäßige Spurweite, also auch für die neu zu erstellenden Linien dieselbe Weite wie bei den alten Linien mit 1,435 m.

Ich habe gegen die Schmalspurbahn gar nichts einzuwenden und würde, wenn wir in Stuttgart noch gar keine Pferdebahn hätten, mich entschieden für Anwendung der Schmalspur mit 1,0 m Weite aussprechen, da nun aber schon Bahnen mit der Normalspurweite vorhanden sind, und zwar in den belebtesten Straßen und in der erheblichen Ausdehnung von 6,74 km oder wenn das zweite Geleise in der Neckarstraße mit 2930 m Länge auch noch dazu gerechnet wird, mit 9,67 km Länge, so ist die Frage der Geleiseweite für die weiter zu erbauenden Bahnen eine sehr wichtige und bedarf der reiflichsten Erwägung.

Für mich ist der einzige Grund, nämlich die Möglichkeit einer späteren Fusion genügend, um mich für die Normalspur auszusprechen, weil ich mich der Befürchtung nicht erwehren kann, es werde die Unmöglichkeit einer späteren

Fusion große Unzuträglichkeiten für die Verwaltungen sowohl, noch mehr aber für das fahrende Publikum im Gefolge haben.

Der Hauptgrund, welcher für die Einführung der Schmalspur sprechen könnte, ist der Kostenpunkt, sowohl für den Bau, als für den Betrieb, und die Differenz stellt sich, wie auf Seite 72 berechnet ist, für die 3,635 km lange Linie Pragfriedhof-Neuchlinsstraße mit Kapitalisierung des Mehraufwands beim Bau und dem jährlichen Mehr der Unterhaltungskosten auf 1265 ℳ 32 ₰ pro Jahr.

Mit Rücksicht darauf, daß der Überschuß der jährlichen Einnahmen über die erwachsenden Ausgaben wie in vielen anderen, namentlich kleineren Städten nur ein mäßiger sein wird, darf die obige Summe als eine nicht unerhebliche bezeichnet werden; dessen ungeachtet kann sie für mich einen entscheidenden Einfluß auf die Lösung der wichtigen Frage, Normalspur oder Schmalspur, nicht haben.

Es ist in vorstehendem schon gesagt, daß bei den Normalspurbahnen in Curven mit Halbmessern bis herunter auf 10 m jedenfalls aber mit 15 m noch gefahren werden kann; es ist ferner festgestellt, daß die Breite der Wagenkasten für schmalspurige Bahnen die gleiche sei, wie bei normalspurigen nämlich 2,0 m, daß also die Wagen der Schmalspur in den Straßen denselben Raum einnehmen wie die Wagen der Normalspur und demgemäß die ersteren für den Verkehr mit gewöhnlichen Fuhrwerken nicht günstiger sind, als die letzteren, ferner daß die Wagen der Schmalspur im Gewicht nicht leichter sind als die Wagen der Normalspur und somit erstere dieselbe Zugkraft zu ihrer Fortbewegung bedürfen, wie die letzteren, und endlich, daß die Preise der Wagen für beide Spurweiten dieselben sind, so daß auch in dieser Beziehung ein erheblicher Vorteil zu Gunsten der Schmalspur nicht vorhanden ist.

Als Nachteil für die Schmalspur wird ferner von verschiedenen Fachmännern noch gesagt, es könne keine Vorspann angebracht werden, weil innerhalb der Schienen nicht zwei Pferde neben einander gehen können; es dürfte jedoch dieses nicht zutreffen, weil, was ja auch bei der Normalspur vorkommt, ein Vorspannpferd außerhalb der Schienen gut gehen und auch ziehen kann.

Die Einführung der Schmalspurbahn ist somit nur für den Unternehmer infolge ihres billigeren Baues und Betriebs von Vorteil; für das fahrende Publikum ist aber ein einheitlicher Betrieb mit möglichst wenig Unterbrechungen und sonstigen Belästigungen Bedürfnis, und diese beiden Anforderungen werden durch eine einheitliche Spurweite mehr gefördert als durch zwei verschiedene.

Wenn auch die topographischen Verhältnisse unserer Stadt, sowie die Trennung in einen unteren und oberen Stadtteil durch die Königsstraße, das Bestehen zweier getrennten Pferdebahngesellschaften ermöglichen, und beide Teile ohne erhebliche Schwierigkeiten einer weiteren Entwicklung fähig sind, so ist nicht vorauszusehen, welche Anforderungen in Zukunft an die Bahnlinien gemacht werden.

Wenn Herr Lipken in [37] hervorhebt, wie schwierig der Betrieb in den Steigungen der Straßen im nordwestlichen Stadtteil durch die Einführung der Normalspurweite und mit Benützung des schweren rollenden Materials der jetzigen Gesellschaft werden würde, und dabei noch auf die Vorkommnisse der günstigeren Linie Berg-Stuttgart hinweist, so kann dies zugegeben werden, als selbstverständlich wird aber angenommen werden dürfen, daß wer immer die Bahnlinien des nordwestlichen Stadtteils zur Ausführung bringt, nicht in denselben Fehler verfallen und Wagen mit 60 und noch mehr Zentner Gewicht anwenden wird, sondern man wird öfter fahren und kleinere d. h. leichtere Wagen verwenden.

Es dürfte auch noch darauf aufmerksam gemacht werden, daß bei zwei Gesellschaften einzelne und gerade die besser besoldeten Beamten, wie beispielsweise der Direktor und der Kassier doppelt notwendig sind; ferner werden immer eine gewisse Anzahl Pferde und Wagen für nicht vorherzusehende Fälle in Reserve zu halten sein, wobei dann zwei Gesellschaften wieder mehr brauchen als eine; endlich werden auch, ungeachtet des guten Willens der beiden Verwaltungen, geschäftliche Differenzen und Meinungsverschiedenheiten nicht ausbleiben, welche für den geregelten Verkehr nicht ohne Nachteil sein werden.

Da man sich bei ähnlichen schwierigen Fragen doch auch gerne nach Vorgängen in andern Städten umsieht, so sei hier nur kurz erwähnt, daß sich die Bahnverwaltungen zweier größerer bayerischen Städte entschieden gegen die Einführung der Schmalspur ausgesprochen haben und ebenso auch ein in Pferdebahnanlagen erfahrener Ingenieur, der die Stuttgarter Verhältnisse genau kennt.

Schlußbemerkung.

Wenn eine Pferdebahnverwaltung die Anforderungen, welche mit Recht an sie gestellt werden können, nämlich den Verkehr sowohl im Innern einer Stadt, als zwischen Stadt und Vorstädten um einen relativ billigen Preis zu beleben und zu heben und hiebei den Wünschen des Publikums nach Thunlichkeit entgegenzukommen, erfüllen soll, so dürfen derselben nicht bloß Verpflichtungen auferlegt, sondern es muß ihr andererseits auch gestattet werden, die hiezu nötigen Einrichtungen ganz und vollständig treffen zu können, und dieses Zugeständnis führt mich am Schlusse zu der Erörterung, der schon öfters gewünschten, aber wiederholt abgelehnten Erlaubnis zur Erstellung einer Ausweichstelle am oberen Ende der Planie, um eine Verbindung mit dem Hauptbahnhof durch die Königs- und Schloßstraße durchführen zu können.

Daß diese Ausweichestelle ein dringendes Bedürfnis ist, wird wohl von niemand bezweifelt werden und doch ist die Erstellung derselben bis jetzt daran gescheitert, daß hiezu eine Strecke von etlichen 40 m Länge über das zum Krongut gehörige Areal notwendig ist und die zuständige Verwaltung trotz wiederholter Bitten, sich nicht entschließen konnte, die Genehmigung hiezu zu erteilen, obgleich die erforderliche Fläche nichts ist, als ein teilweise mit Pflasterung und teilweise mit Chaussierung versehener Straßenplatz, auf welchem derzeit sich Fußgehende, Reiter und Fuhrwerke nach Belieben bewegen können.

Daß Ausweichstellen den gewöhnlichen Straßenverkehr in keiner Weise belästigen, das dürften die seit 3 Jahren in der Königsstraße, Tübinger- und Hauptstätterstraße vorhandenen Ausweichstellen zur Genüge beweisen, und einen noch besseren Beweis hiefür liefert die Thatsache, daß in der Hauptstraße in Heidelberg, die stellenweise für das Legen zweier Geleise nicht die nötige Breite hat, zwischen dem Bahnhof und dem Karlsthor auf eine Länge von 2½ km 9 Ausweichstellen vorhanden sind.

Es dürfte deshalb auch bei der beabsichtigten Erweiterung der hiesigen Bahnlinie die Errichtung der zu einem rationellen Betrieb erforderlichen Ausweichestellen vor städtischen und Staatsgebäuden ebenso wenig erschwert werden, als vor den Privatgebäuden.

In Betreff der Benützung von staatlichem Eigentum zu Bahnzwecken, gibt uns eine andere badische Stadt, und zwar Mannheim, ein nachahmungswertes Beispiel großer Liberalität seitens der großherzoglichen Regierung.

Die Bahnlinie führt auf ca. 380 m Länge über eine der großherzoglichen Wasser- und Straßenbauverwaltung unterstellten Straßenstrecke vom Schloßwachthaus durch den Schloßhof über die Schloßterrasse zur Rheinbrücke, und es wurde dem Erbauer der Mannheimer Bahn Zivilingeneur Charles de Feral in Longeville bei Metz die Erlaubnis zum Bau und Betrieb der obigen Linie unter denselben Bedingungen erteilt, welche für den Vertrag zwischen dem Stadtrat der Stadt Mannheim und demselben Unternehmer für die in den städtischen Straßen erbauten Linien maßgebend waren.

Nachdem Seine Königliche Majestät vermöge höchster Entschließung vom 14. Mai 1862 dem Bauunternehmer Georg Schöttle in Stuttgart die nachgesuchte Erlaubnis zur Anlegung und zum Betrieb einer

Pferde-Eisenbahn

zwischen Stuttgart und Berg unter Vorbehalt der näheren Bedingungen und Bestimmungen für das Unternehmen gnädigst erteilt haben und letztere unter dem Titel „allgemeine Konzessionsbedingungen" durch Entschließung des Königlichen Ministeriums des Innern vom 6. Februar 1863 festgestellt worden sind, ist in Gemäßheit des §. 5 der allgemeinen Konzessionsbedingungen zwischen der

Stadtgemeinde Stuttgart
und
dem Unternehmer, Georg Schöttle,
für sich und seine Rechtsnachfolger,

bezüglich der Benützung der der Stadtgemeinde zugehörenden Straßen, Wege und öffentlichen Plätze für die Zwecke der Pferde-Eisenbahn folgende

Uebereinkunft

abgeschlossen worden:

§. 1.

Der gegenwärtige Vertrag wird zwischen der Stadtgemeinde Stuttgart und dem Unternehmer Georg Schöttle abgeschlossen. Der Unternehmer ist berechtigt, die durch diese Uebereinkunft begründeten Rechte an eine Gesellschaft, sei es eine Aktiengesellschaft, eine Kommandite-Gesellschaft, eine Kommandite-Gesellschaft auf Aktien, oder eine offene Handelsgesellschaft, zu übertragen, welche sodann sämtliche aus diesem Vertrage erwachsene Verbindlichkeiten zu übernehmen und denselben nach allen Teilen als für sich maßgebend anzuerkennen hat.

Wird eine Aktiengesellschaft oder eine Kommandite-Gesellschaft auf Aktien gebildet, so kann dieser Uebergang der Rechte und Verbindlichkeiten nur stattfinden, wenn die von der Gesellschaft aufzustellenden Statuten von dem Gemeinderat geprüft und genehmigt sind, und die etwa erforderliche landesherrliche Genehmigung erfolgt ist. Spätere Aenderungen der Statuten können nur mit Zustimmung des Gemeinderats vorgenommen werden.

Will der Unternehmer die aus dem Vertrage erwachsenden Rechte und Verbindlichkeiten an eine offene Handelsgesellschaft oder eine Kommandite-Gesellschaft übertragen, so muß hievon dem Gemeinderat Anzeige mit den zum Eintrag in das Handelsregister erforderlichen Nachweisen gemacht werden.

Insolange der Eintritt der Gesellschaft in das gegenwärtige Vertragsverhältnis und die daraus und aus der Konzessionsurkunde sich ergebenden Rechte und Pflichten nicht vollständig erfolgt ist, bleibt der Unternehmer Georg Schöttle berechtigt und verpflichtet.

§. 2.

Die Erlaubnis der Benützung der der Stadtgemeinde zugehörenden Straßen, Wege und öffentlichen Plätze für die Zwecke der Pferde-Eisenbahn erstreckt sich auf den Zeitraum von 30 Jahren, welcher vom Tage der Eröffnung der Bahn zu berechnen ist. Erfolgt mit Ablauf dieser Frist zwischen den kontrahierenden Teilen keine Erneuerung dieses Vertrags, so haben die Eigentümer der Pferde-Eisenbahn die auf städtischem Grund und Boden angebrachten Schienenlagen zu entfernen und die städtischen Straßen, Wege und Plätze wieder in denjenigen Zustand zu stellen, welcher vor Beginn des Unternehmens bestanden hat.

§. 3.

Der Stadtgemeinde steht das Recht zu, mit Ablauf der 30jährigen Periode die Bahn käuflich zu erwerben. Können sich die Partieen über den Kaufpreis der von Schöttle zum Zwecke des Betriebs erworbenen Grundstücke, des Schienengeleises samt der übrigen Einrichtung (Ställe, Schuppen, Wagen, Pferde u. s. w.) nicht verständigen, so wird derselbe durch ein Schiedsgericht von 3 Sachverständigen, von welchen der Eine durch den Unternehmer, beziehungsweise durch die an seine Stelle tretende Gesellschaft, der Zweite durch die Stadtgemeinde, der Dritte durch die Sachverständigen beider Partieen, im Nichtvereinigungsfalle durch das K. Stadtgericht Stuttgart oder durch ein an dessen Stelle tretendes Gericht zu wählen ist, festgesetzt.

Insofern von seiten des Unternehmers Grundstücke erworben werden, welche ebenfalls zur Einrichtung der Bahn gehören, so ist im Güterbuch die Bemerkung des Anspruchs der Stadtgemeinde einzutragen. Art. 75 des Pfandgesetzes.

Hierdurch ist eine Verpfändung dieser Grundstücke unbeschadet des Rückkaufrechts der Stadtgemeinde nicht ausgeschlossen.

Die Grundlagen für die Entschädigung bildet nur der gemeine Verkaufswert des zu erwerbenden Grundeigentums, der Schienengeleise samt

Oberbau und der Betriebseinrichtung, da die Berechtigung zum Betrieb mit Ende der Konzessionszeit abläuft.

§. 4.

Für den Fall, daß seitens der Staatsbehörde ein Unternehmen gleicher oder ähnlicher Art in gleicher Richtung konzessioniert würde, behält sich die Stadtgemeinde das Recht vor, solchem ebenfalls ihre Straßen zur Benützung zu überlassen, jedoch keinenfalls unter günstigeren als den gegenwärtigen Bedingungen.

§. 5.

Insoweit die Straße, auf welcher die Pferdeeisenbahn geführt werden soll, von dem Rondell unterhalb der Neckarstraße bis zur Einmündung in die Poststraße noch nicht hergestellt ist und insoweit wegen Verlegung des Villawegs die Herstellung der Villastraße jetzt schon erforderlich und in der Baubeschreibung vorgesehen ist, wird bezüglich dieser Herstellung folgendes bestimmt:

1. Die Stadt erwirbt das zur Herstellung der Straßen nach ihrer ganzen Ausdehnung erforderliche Areal durchaus auf ihre Kosten.

2. Der Unternehmer oder die an dessen Stelle tretende Gesellschaft übernimmt die Ausführung des ganzen Straßenbaues.

Für die im einzelnen hierunter begriffenen Arbeiten ist die besonders gefertigte Bau- oder Arbeitsbeschreibung mit den derselben vorangeschickten Bedingungen vom 17. Februar 1868, welche einen Teil des gegenwärtigen Vertrags bilden, maßgebend.

Die von der Stadt zu leistende Vergütung für die Ausführung der sämtlichen in dieser Beschreibung enthaltenen Arbeiten ist auf 32000 fl. festgesetzt. Diese Summe wird an dem Tag, an welchem die Bahn zum regelmäßigen Betrieb eröffnet wird, in städtischen mit 5% in halbjährlichen Raten verzinslichen vom 1. September 1872 an in 30 Jahren zu tilgenden Obligationen entrichtet. Von dem gleichen Tage an beginnt die Verzinsung, weshalb, wenn die Bahneröffnung nicht mit dem Zinstermin zusammenfällt, der Unternehmer die Zinsrate vom letzten Zinstermin bis zu jenem Tage zu ersetzen hat.

3. Die hergestellte Straße vom Rondell an dem Ende der jetzigen Neckarstraße bis zur Einmündung in die Poststraße hat die Eigenschaft einer gewöhnlichen städtischen Straße und es erlangt der Unternehmer an derselben keine weiteren Rechte, als sie ihm in Beziehung auf die schon bestehenden Straßen in gegenwärtigem Vertrage eingeräumt sind.

§. 6.

Der Unternehmer ist nicht nur berechtigt, sondern auch verpflichtet, die Pferdebahn durch die Eßlingerstraße, von dieser in und durch die Hauptstätter- und Tübingerstraße zur Legionskaserne, von da durch die Königsstraße und über die Planie zurück nach der Neckarstraße bis zu ihrem Ausgangspunkt zu führen.

Der Unternehmer ist gehalten, unmittelbare, die Ueberfahrt von einer Linie auf die andere ermöglichende, Anschlüsse an die Pferdebahn zuzulassen, wenn weitere Pferdebahnen innerhalb der städtischen Straßen zur Ausführung kommen.

§. 7.

Der Mietzins, welcher der Stadt für die Benützung des Straßenareals zu entrichten ist, wird nach der Anzahl der für den Betrieb angeschafften und demselben nicht wieder definitiv entzogenen Personenwagen in der Weise festgesetzt, daß vom 1.—15. Wagen eine jährliche Taxe von 20 fl., vom 15. bis 25. eine solche von 30 fl. und von jedem weiteren eine solche von 35 fl. zu entrichten ist. Die Taxe verfällt erstmals am Tag der Bahneröffnung und ist alljährlich am gleichen Tage von sämtlichen nach der obigen Bestimmung zu berechnenden Wagen verfallen.

§. 8.

Zur Sicherstellung der planmäßigen Ausführung der Bauarbeiten, sowie des künftigen geordneten Betriebs der Bahn, insbesondere aller Ansprüche an den Unternehmer, welche aus der Nichteinhaltung der Konzessionsbedingungen seitens des Unternehmers, seiner Angestellten und Arbeiter erwachsen könnten, desgleichen der Schadensersatzforderungen und der etwa anzusetzenden Konventionalstrafen hat der Unternehmer eine Kaution von

— 10000 fl. Zehntausend Gulden —

in württembergischen Statsschuldverschreibungen einzulegen, welche von dem Gemeinderat zu verwahren ist. Nach Vollendung der Bahn wird jedoch die Kautionssumme auf

— 5000 fl. Fünftausend Gulden —

vermindert, welche für die oben erwähnten Ansprüche an den Unternehmer, beziehungsweise an die für ihn eintretende Gesellschaft verhaftet bleibt und auf diesen Betrag gleichbald wieder zu ergänzen ist, falls dieselbe zur Befriedigung rechtsgiltiger Ansprüche angegriffen werden müßte.

§. 9.

Von den genehmigten Bauplanen ist von dem Unternehmer eine zweite Ausfertigung machen zu lassen und nach Prüfung und Beglaubigung ihrer Uebereinstimmung mit dem Original in der Gemeinderegistratur aufzubewahren.

§. 10.

Der Unternehmer ist zu keinerlei Entschädigungs- oder sonstigen Ansprüchen an die Stadtgemeinde berechtigt, wenn durch bauliche Ausbesserungen oder Veränderungen an den ihm zur Benützung für die Pferdebahn eingeräumten Straßen, Wegen und öffentlichen Plätzen, sowie an den unter denselben liegenden Wasserabzügen, Wasser- und Gasleitungen der Bau oder Betrieb der Bahn unterbrochen oder die Schienenlage beschädigt wird, oder die letztere teilweise verlegt werden muß. Von solchen Veränderungen ist jedoch dem Unternehmer wenigstens 24 Stunden zuvor Anzeige zu machen. Ebenso wenig kann der Unternehmer Entschädigungsansprüche an Dritte erheben, wenn dieselben die Schienenlage durch ordnungsmäßigen Gebrauch der Straßen 2c. beschädigen.

§. 11.

Wird durch die Ausführung der in vorstehendem Paragraphen erwähnten Veränderungen und Ausbesserungen der Betrieb der Pferdebahn auf eine gewisse Strecke vorübergehend unmöglich gemacht, so bleibt dem Unternehmer unbenommen, unter genauer Beobachtung der im Interesse des öffentlichen Verkehrs zu erteilenden Vorschriften eine Interimsbahn anzulegen, ohne jedoch die Stadtgemeinde, durch deren Bauten der Stillstand veranlaßt ist, wegen der Kosten irgend in Anspruch nehmen zu können.

§. 12.

Da in dem Falle, wenn der Bau oder Betrieb der Bahn ins Stocken gerät und solcher nach erfolgter Mahnung nicht längstens innerhalb drei Monaten wieder aufgenommen wird, nach den Konzessionsbedingungen seitens des Staates die Konzession erlischt, so ist dann die ganze Einrichtung auf städtischem Grundeigentum von dem Unternehmer und nötigenfalls im Zwangswege auf seine Kosten wieder zu entfernen, auch sind die Straßen, Wege und öffentlichen Plätze, auf welchen die Bahn angelegt ist, wieder in den vorigen Stand zurückzustellen. Solches hat jedenfalls auch zu geschehen, wenn der Unternehmer vor dem Ablauf der 30jährigen Dauer auf die Konzession Verzicht leisten sollte. Jedenfalls aber bleibt der Unternehmer zur Ausführung der in §. 5 bezeichneten Straßenanlage innerhalb des in §. 13 bestimmten Termins um die dort bezeichnete in diesem Fall am Tag der Uebernahme der Straße zu entrichtende Bausumme verpflichtet.

Würde übrigens in dem einen oder andern Falle die Stadtgemeinde das Recht zum Betrieb der Pferdebahn erlangen, so kann sie die Bahn unter den in §. 3 angegebenen Normen schon vor Ablauf der 30jährigen Konzessionsperiode erwerben.

§. 13.

Die Ausführung der Bauarbeiten ist innerhalb eines Jahres, vom Tage der Ausfertigung der definitiven Konzessionsurkunde an gerechnet, zu vollenden und die Bahn in Betrieb zu setzen, sofern sie nicht durch Hindernisse, welche von dem Willen des Unternehmers unabhängig sind, aufgehalten und verzögert oder das Königreich in einen Krieg verwickelt wird. Nach Beseitigung solcher Hindernisse läuft die infolge der Unterbrechung sistierte Frist fort.

§. 14.

Für die doppelspurige Bahn, wie solche von der westlichen Ecke des Staatsarchivs bis zum Haltplatz bei Berg angelegt werden soll, ist die Entfernung der nebeneinander liegenden Geleise von Mitte zu Mitte auf 12 Fuß württembergisches Maß festzusetzen, so daß die aneinander vorüberfahrenden Wagen, deren Kasten eine Breite von 8 beziehungsweise 10 Fuß erhalten sollen, noch einen Raum von 4 beziehungsweise 2 Fuß zwischen sich lassen.

§. 15.

Ueber die neu aufzuführenden Stallungen, Wagenschuppen u. s. f. sind dem Gemeinderat in Bälde Detailplane zur Genehmigung vorzulegen.

§. 16.

Sowohl bei der einspurigen als bei der zweispurigen Bahn sind die Geleise in die Mitte der Straße zu legen und dürfen diesfallsige Abweichungen nur mit Zustimmung der Straßenbau-Inspektionen der Stadt und des Staats gemacht werden.

§. 17.

Die Oberfläche der Schienen muß mit der Oberfläche der gepflasterten oder chaussierten Straße eine gleiche Höhe erhalten und darf eine Aenderung des Profils, sei es der Quere oder der Länge nach, nur mit Zustimmung des Gemeinderats vorgenommen werden.

§. 18.

Das durch Zeichnungen dargelegte Oberbausystem, wornach die circa 20 Fuß langen gewalzten Bahnschienen mit starken Holzschrauben auf eichene Langschwellen*) befestigt und diese in gepflasterten Straßen durch das Pflaster, in chaussierten Straßen aber durch ganz solid eingesetzte und verkeilte Vorlagsteine festgehalten werden, wird gutgeheißen. Wenn die Unternehmer auf der neu herzustellenden Bahnstrecke im Stöckach die Langschwellen noch auf 7½ Fuß lange und 5″/7″ starke eichene Querschwellen der größeren Solidität wegen befestigen wollen, so wird hiegegen nichts erinnert.

§. 19.

Die Ausführung des auf städtischem Grund und Boden befindlichen Baues ist von der städtischen Straßenbauinspektion zu überwachen.

---

*) Mit Zustimmung des Gemeinderats wurde bei der Ausführung die Schienenlage ohne hölzerne Querschwellen hergestellt.

§. 20.

Der Aufbruch der Straßen und das Ebnen der Terrains, sowohl für das erstmalige Legen der Schienen als für etwaige Reparationen an denselben muß mit möglichster Schnelligkeit und mit Anwendung aller Vorsichtsmaßregeln vollzogen werden.

Wenn immer möglich, muß die aufgebrochene Stelle an einem und demselben Tage wieder eingefüllt und in besten fahrbaren Zustand versetzt werden. Sollte dies nicht möglich sein, so sind die aufgebrochenen Straßenstrecken bei Nacht zu umschranken, zu beleuchten und durch zuverlässige Leute zu bewachen, überhaupt aber sind alle Arbeiten so zu betreiben, daß sie der Freiheit und Sicherheit des Verkehrs möglichst wenig hinderlich sind. Der Unternehmer hat die hiedurch verursachten Kosten auf sich zu leiden.

§. 21.

Sollte sich der Unternehmer bei der Ausführung irgend eine Vernachlässigung der erforderlichen Vorsichtsmaßregeln oder fehlerhafte Arbeit zur Schuld kommen lassen, so wird außer der verwirkten Strafe das Geeignete auf Rechnung des Unternehmers alsbald verfügt werden, derselbe bleibt auch für jeden Schaden, der durch eine Nachlässigkeit in der Ausführung oder im Betrieb der Bahn entsteht, verantwortlich und haftbar.

§. 22.

Der durch den Aufbruch des Pflasters und der Chaussierung entstehende Abgang an Materialien muß auf Rechnung des Unternehmers wieder in derselben Qualität ersetzt werden, und hat derselbe zu dem Ende einen entsprechenden Vorrat von gerichteten Pflastersteinen und geschlagenen Chaussierungssteinen parat zu halten, um die Wiederherstellung des Pflasters und der Chaussierung kunstgerecht ohne Aufenthalt bewerkstelligen zu können.

§. 23.

Auf städtischem Grund und Boden wird der Raum, welcher bei doppeltem Geleise zwischen den beiden Geleisen liegt und wenigstens 4 Fuß, beziehungsweise 2 Fuß beträgt, von der Stadtgemeinde unterhalten und gereinigt, während bei der ersten Anlage auch dieser Raum ohne Ersatzforderung an die Stadt von den Unternehmern wieder herzustellen ist.

Der Raum zwischen den beiden Schienenreihen eines Geleises ist von dem Unternehmer zu unterhalten und zu reinigen, und bei veränderter Anlage des Straßenkörpers, z. B. bei Pflasterung mit dieser übereinstimmend herzustellen.

Die Stadtgemeinde behält sich vor, wegen Unterhaltung und Reinigung der ganzen Straße, in welcher zwei Schienengeleise liegen, mit dem Unternehmer einen Accord abzuschließen.

§. 24.

Sämtliche zum Bau der Bahn zu verwendende Materialien von Eisen, Holz 2c. müssen von guter Beschaffenheit sein und ihrer Bestimmung entsprechen.

§. 25.

Sollte durch die Herstellung der Bahn irgendwo ein Interimsweg nötig werden, so ist solcher auf Rechnung des Unternehmers in der erforderlichen Breite und mit entsprechender Stärke der Chaussierung herzustellen.

§. 26.

Alle Pflaster- und Chaussierungsteile, alle Dohlen, Brücken, Kandeln, Gas- und Wasserleitungen, welche durch den Bahnbau eine Aenderung erleiden, müssen nach den Vorschriften des Gemeinderats auf Rechnung des Unternehmers wieder hergestellt werden.

§. 27.

Ehe die Bahn in Betrieb gesetzt wird, ist die ganze Bahnanlage und Betriebseinrichtung von einer Kommission, bestehend aus dem Königlichen Straßenbauinspektor, dem städtischen Straßenbauinspektor und einem Wagenbauverständigen zu untersuchen, in der Richtung, ob dieselbe den erteilten Vorschriften gemäß und in allen Teilen solid hergestellt sei, zu welchem Zwecke auch die nötigen Probefahrten vorzunehmen sind. Etwaige Mängel, welche hierbei erfunden werden, sind von dem Unternehmer vor der Eröffnung des Betriebs beseitigen zu lassen.

§. 28.

Nach Eröffnung des Betriebs ist die Bahn in stets gutem, gefahrlosem und reinlichem Zustande zu unterhalten, und um sich dessen zu versichern, werden Staats- und städtische Bautechniker die Bahn von Zeit zu Zeit visitieren und die Gebrechen bezeichnen, deren alsbaldige Erledigung dem Unternehmer obliegt.

Wo eine besondere Beleuchtung der Bahn erforderlich ist, hat der Unternehmer solche auf seine Kosten zu bewerkstelligen. An solchen Orten, wo durch das Befahren der Pferdebahn eine Beschränkung des Verkehrs stattfindet, hat der Unternehmer durch Aufstellung von Bahnwärtern für die ungestörte Benützung der Straßen zu sorgen und sich überhaupt denjenigen Vorschriften zu unterwerfen, welche das Stadtpolizeiamt in Uebereinstimmung mit dem Gemeinderat zu Gunsten des öffentlichen Verkehrs und des gesicherten Bahnbetriebs erlassen wird.

§. 29.

Der Unternehmer ist zu sorgfältiger, pünktlicher und schneller Beförderung des Publikums durch Anschaffung und Bereithaltung der zum regelmäßigen Betrieb in jeder Jahreszeit erforderlichen Anzahl Wagen und Pferde sowie zur Aufstellung eines genügenden Dienstpersonals verpflichtet.

Der Artikel 9 der Gewerbeordnung vom 12. Februar 1862 findet auf den Betrieb der Pferdebahn Anwendung.

§. 30.

Die Wagen müssen solid und zweckmäßig gebaut, insbesondere mit gepolsterten Sitzen, Glasfenstern und tüchtigen Bremsvorrichtungen, sowie für die Nachtzeit mit hellen durch farbige Gläser ausgezeichneten Laternen versehen sein. Die Wagen sind mit Nummern zu bezeichnen und stets in untadelhaftem Stand, namentlich immer reinlich zu erhalten.

§. 31.

Die Pferde müssen stark, kräftig und gut auf den Knochen sein und wie das Geschirr stets reinlich gehalten werden.

§. 32.

Jedem auf der Fahrt befindlichen Wagen muß außer dem Kutscher ein Kondukteur beigegeben sein. Als Kutscher dürfen nur des Fahrens kundige, zuverlässige, nüchterne Leute nicht unter 18 Jahren verwendet werden.

Zu Kondukteurs sind gleichfalls geordnete, gewandte Leute zu bestellen. Kutscher und Kondukteur haben sich gegen die Fahrenden stets höflich, bescheiden und zuvorkommend zu benehmen. Dieselben sind mit angemessener Dienstkleidung zu versehen. Die Anforderung von Trinkgeldern ist verboten.

§. 33.

Während der Fahrt durch die Stadt und durch den Etter von Berg ist bei Tag und bei Nacht ein Warnungsgeläute (nach der Art des Schlittengeläutes oder mittelst Rollriemens) ertönen zu lassen. Das Fahren darf nur im Trab, bei kurzen Wendungen an Straßenecken aber nur im Schritt geschehen. Das Anhängen mehrerer Wagen an dieselbe Bespannung, ebenso das Anhalten der Wagen vor einmündenden Seitenstraßen ist verboten.

§. 34.

Sollten einzelne Straßen, in welchen die Schienengeleise angelegt sind, bei besonderen Vorkommnissen, z. B. festlichen Aufzügen, Brandfällen, Truppen-Aufstellungen u. s. w. polizeilich abgesperrt werden, so ist auch die Bahnverwaltung dieser Maßregel unterworfen.

§. 35.

In den Wagen zurückgebliebene Gegenstände sind, im Falle die Eigentümer nicht sogleich ausgemittelt werden können, dem Polizeiamt zu übergeben.

§. 36.

Der jeweilige Fahrtenplan unterliegt der Genehmigung des Gemeinderats, welcher hierbei das Bedürfnis des Publikums nach den verschiedenen Jahreszeiten im Auge behalten wird. Der Unternehmer ist verpflichtet, die von dem Gemeinderat bestimmte Anzahl Fahrten einzuhalten.

§. 37.

Der Unternehmer kann dreierlei Arten von Wagen führen oder die Wagen mit entsprechenden Abteilungen einrichten.

Die Fahrpreise von der Stadt nach Berg dürfen die jeweiligen Fahrpreise I. II. III. Klasse der Staatseisenbahn für die Strecke von Stuttgart nach Cannstatt nicht übersteigen. Ob der nach Berg Fahrende am einen oder anderen Endpunkte der Stadt einsteigt, macht keinen Unterschied, ebenso wenig als wenn er auf dem Wege nach Berg unterhalb des Rondells der Neckarstraße, welches an der Einmündung der Kernerstraße hergestellt werden wird, wieder aussteigt. Auch in diesem Falle kann die Taxe nach Berg gefordert werden. Für Fahrten innerhalb der jetzigen Stadt, d. h. auf der ganzen Linie von dem gedachten Rondell über die Neckar-, Eßlinger- und Hauptstätter-, Tübinger-, Königsstraße und Planie darf der Fahrpreis 3 Kreuzer nicht übersteigen, gleichviel ob die ganze Strecke, oder nur ein Teil derselben befahren wird.

Kleine Kinder auf dem Schooße von Erwachsenen sind frei, Einführung von Abonnements gegen ermäßigte Fahrpreise bleibt dem Unternehmer überlassen.

Die Anforderung und Erhebung höherer Fahrpreise, als der so eben angeführten, ist ohne Genehmiguug des Gemeinderats, beziehungsweise des K. Ministeriums des Innern verboten. Eine nicht bloß vorübergehende Erhöhung der Fahrpreise darf nur mit Genehmigung des K. Ministeriums des Innern stattfinden, wogegen eine vorübergehende Erhöhung derselben dem Beschlusse des Gemeinderats unterliegt.

Gewöhnliches Handgepäck der Fahrenden bis zum Gewicht von 25 Zollpfund ist in den Wagen unentgeltlich zu befördern, wenn kein Sitzplatz hierdurch versperrt wird.

Die Gebühr für schwereres Reisegepäck oder Traglasten bis zu 1 Zentner darf die Fahrtaxe der Person nicht übersteigen. Die Fracht für die Beförderung von Gütern bleibt der Privatübereinkunft überlassen.

Der Fahrpreistarif ist in den Wagen anzuschlagen.

§. 38.

Verfehlungen gegen die hierin enthaltenen Vorschriften für den Bau und den geordneten Betrieb der Bahn sind vom Stadtpolizeiamte mit Konventionalstrafen von 1 fl. bis 10 fl. abzurügen, welche der Unterstützungskasse für städtische niedere Diener zufließen.

Für Geldstrafen, die dem Dienstpersonale zuerkannt werden, hat der Unternehmer zu haften. Bei wiederholter grober Verfehlung eines Kutschers, Kondukteurs, Bahnaufsehers ꝛc. ist die Entfernung des Betreffenden aus dem Betriebsdienst zu bewirken.

§. 39.

Entstehen über die Vertragsbestimmungen zwischen der Stadt und dem Unternehmer Streitigkeiten, so unterliegt die Endentscheibung einem nach §. 3 zusammengesetzten Schiedsgericht. Insoweit deren Inhalt jedoch rein polizeiliche Bestimmungen betrifft, bleibt die Entscheidung der Verwaltungsbehörden im ordentlichen Instanzenweg aufrecht erhalten.

Zur Festhaltung dieser Uebereinkunft verpflichten sich hiermit unter Verzichtleistung auf alle Einreden.

Stuttgart, den 17./19. Februar 1868.

Der Bauunternehmer. **Gemeinderat.** **Bürgerausschuß.**

Beilage 2.

Präs. den 29. Dezember 1884.
879.

Stuttgart, den 29. Dezember 1884.

Die Unterzeichneten beabsichtigen die Bauausführung einer:

„Nord-West-Trambahn"

dahier gemäß anliegender Zeichnung, von der Reuchlin- durch die Rothebühl-, Calwer- und Kanzleistraße bis Königsstraße, und von da durch Kanzlei-, Friedrichs-, Kriegsberg- und Bahnhofstraße bis zum Pragfriedhof, in einer Länge von ca. 3,5 Kilometer, zu bewirken, und bitten ergebenst, hiezu, wie auch zum Betriebe vorgenannter Linie, mittelst Pferden die Konzession geneigtest erteilen zu wollen.

Behufs leichteren Durchfahrens der Curven ist eine Spurweite von 1,0 Meter projektiert, auch sollen so viel Ausweichestellen angeordnet werden, daß eventuell ein 5 Minutenbetrieb möglich wird. Gewöhnlich ist ein 10 Minutenbetrieb, und die Unterhaltung des Letzteren während ca. 16 Stunden täglich, mittelst 7 Wagen, vorgesehen.

An Fahrpreisen sollen erhoben werden:

Reuchlinstraße—Kriegsbergstraße	. . .	10 Pf.
„ Pragfriedhof	. . . .	15 „
Alter Postplatz „	. . . .	10 „
Pragfriedhof—Alter Postplatz	. . . .	10 „
„ Reuchlinstraße	. . . . .	15 „
Kriegsbergstraße „	. . . . .	10 „

Abonnements-Billets für die ganze Strecke giltig, sollen zu 50 Stück à 10 Pf. ausgegeben werden.

Zur Sicherung eines pünktlichen Verkehrs werden Haltestellen festgesetzt und durch Tafeln gekennzeichnet. — Ferner sollen die Wagen nur von einer bestimmten Anzahl Personen besetzt und die Signale durch Glocken gegeben werden.

Die Konzession wird auf die Dauer von 40 Jahren beantragt, und mit Rücksicht auf den immerhin nur schwachen Verkehr vorausgesetzt, daß von seiten des Gemeinderats die Erteilung derselben ohne Auferlegung besonderer Lasten, welche das Unternehmen in seinem Bestande gefährden, ausgesprochen werde, damit die Anlagen in jeder Hinsicht so hergestellt und unterhalten werden können, wie es die öffentlichen Verkehrsinteressen verlangen.

Heinrich Mayer.
E. Lipken.

An den Gemeinderat
Königlicher Haupt- und Residenzstadt
Hier.

Beilage 3.

Präs. den 2. Januar 1885
ad 879 v. 1884.

Stuttgart, den 2. Januar 1885.

Im Anschluß an das Konzessionsgesuch vom 29. c. erlauben sich die Unterzeichneten noch mitzuteilen, daß das zum Bau und Betrieb erforderliche Kapital vorhanden ist, und sie auch bereit sind eventuell eine der Größe des Unternehmens entsprechende Kaution zu leisten, um deren Rückgabe nach Betriebseröffnung, wie es neuerdings in vielen Städten geschieht, gebeten wird.

Da eine Erweiterung des Bahnnetzes im nordwestlichen Stadtteil geplant ist, bitten die Unterzeichneten, mit Rücksicht auf die hiezu erforderlichen größeren Mittel die Uebertragung der Konzession an eine Aktiengesellschaft genehmigen zu wollen.

Auch dürfte es vom Gemeinderat wohl gebilligt werden, daß die weiter für die Entwickelung des betreffenden Stadtteiles rationellste Linie zweckmäßig erst einige Zeit nach Eröffnung der Linie Pragfriedhof-Reuchlinstraße zur Erörterung und Festsetzung komme.

Heinrich Mayer.
E. Lipken.

An den Gemeinderat
der Königlichen Haupt- und Residenzstadt
Hier.

Beilage 4.

Präs. den 18. Februar 1885.
108.

Verehrl. Gemeinderat Stuttgart.

Wir haben in Erfahrung gebracht, daß ein auswärtiger Unternehmer das Projekt eines weiteren Pferdebahnunternehmens in Stuttgart, zunächst auf der Strecke „Rothebühlstraße—Pragfriedhof" (an Stelle der Kurtz'schen Omnibuslinie bei dem Verehrl. Gemeinderat eingereicht habe.

Davon ausgehend, daß zwei Pferdebahngesellschaften in einem so engen Verkehrsgebiet wie das hiesige ist, mit den Nachteilen einer getrennten Verwaltung auf die Dauer nicht in ersprießlicher Weise wirken könnten, daß die bestehende Gesellschaft, welche als eine der ersten in Deutschland ins Leben getreten ist und schon dadurch genötigt war, große Opfer sowohl bei der Herstellung der Bahn, als während der ganzen Betriebsdauer zu bringen, schon aus Gründen der Billigkeit einen Anspruch darauf hat, bei Konzessionierung neuer Linien bevorzugt zu werden und schließlich im Hinblicke darauf, daß dieselbe gegenwärtig damit umgeht, ihre Statuten abzuändern, um dadurch aktionsfähiger zu werden, glaubt nun der unterzeichnete Aufsichtsrat, sowohl im Interesse der Stadt, als auch der von ihm repräsentierten Gesellschaft zu handeln, wenn er bittet, Verhandlungen über das eingangs erwähnte Projekt, vorerst noch zu unterlassen.

Dagegen erklären wir uns unter näher zu vereinbarenden Bedingungen, wozu wir namentlich auch eine entsprechende Zeitdauer der Konzession der neuen Linien und eine damit in Uebereinstimmung zu bringende Verlängerung der Konzession für die bestehenden Linien werden voraussetzen dürfen, bereit, das bestehende Pferdebahnnetz zunächst in folgender Weise auszudehnen:

a) durch Herstellung der von anderer Seite neu projektierten Linie, Rothebühlstraße—Pragfriedhof mit Anfang von der Reuchlinstraße, die Rothebühlstraße herein zur Calwerstraße, Kanzleistraße, Friedrichsstraße (Staatsbahnhof) Kriegsbergstraße, Bahnhofstraße und Friedhofstraße zum Pragfriedhof, eventuell hinüber bis zum Englischen Garten.

b) Durch Erbauung der Linie von der Tübingerstraße abzweigend zur Böblingerstraße nach Heslach und zwar gemäß dem von den bürgerlichen Kollegien gestellten Verlangen bis hinaus zur Hasenstraße (am Schmied Fritz'schen Hause) beim sog. Marktbrunnen, mit eventueller Abzweigung zum Bahnhof der Filderbahn.

c) Fortsetzung der Bahn in der Königsstraße zum Staatsbahnhof unter gleichzeitiger Abzweigung oberhalb der Planie,

Die Ausführung dieser Absicht hängt allerdings von Beschlüssen der Generalversammlung ab. Der Aufsichtsrat wird aber, soferne die entsprechenden Vereinbarungen mit dem verehrl. Gemeinderat erzielt sein werden, alle Anstrengungen machen, um die beabsichtigte Erweiterung des Bahnnetzes zur Ausführung zu bringen.

Indem wir hoffen, daß diese unsere Eingabe bei geneigter Berücksichtigung die verdiente Würdigung finden werde, erklären wir uns zu jederzeitigem schriftlichen oder mündlichen Verkehr gerne bereit und verharren

Hochachtungsvoll

der Aufsichtsrat
der Stuttgarter Pferdeeisenbahn-Gesellschaft,
der stellvert. Vorsitzende:
Alex. Pflaum, Kommerzienrat.

Stuttgart, den 18. Februar 1885.

Beilage 5.

Präs. den 20. März 1885,
ad 879 v. 1884.
Stuttgart, den 20. März 1885.

Infolge Aufforderung des Herrn Oberbürgermeisters und als weiterer Nachtrag zu dem Konzessionsgesuch vom 29. Dezember v. J. machen wir uns hiedurch verbindlich aus Billigkeitsrücksichten in eine Entschädigungspflicht gegen den Leihstallbesitzer Gustav Kurtz hier einzuwilligen, falls eine solche nach Anhörung der Unterzeichneten, und in einer hiernach festzusetzenden Höhe seitens des Gemeinderats für Recht erkannt werden sollte.

Heinrich Mayer.
E. Lipken.

An den Gemeinderat
der Königlichen Haupt- und Residenzstadt
Stuttgart.

Beilage 6.

Präs. den 15. Juni 1885.
ad 108.

Verehrl. Gemeinderat dahier

beehre ich mich hiemit, namens des Aufsichtsrats der Stuttgarter Pferde-Eisenbahngesellschaft den Empfang der verehrl. Zuschrift vom 30. v. M. zu bestätigen, von deren Inhalt der Aufsichtsrat in seiner gestrigen Sitzung Kenntnis genommen hat.

Derselbe sieht der geneigtest in Aussicht gestellten Zusendung der Bedingungen bezüglich der Erweiterung des Pferdebahnnetzes entgegen und wird alsdann hierüber weitere Beschlüsse in gegebener Zeit fassen.

Hochachtungsvoll

der Vorsitzende des Aufsichtsrats
der Stuttgarter Pferdeeisenbahn-Gesellschaft,
Prinz Hermann z. Sachsen-Weimar.

Stuttgart, 13. Juni 1885.

Beilage 7.

Präs. den 22. Juni 1885.
429.

Stuttgart, den 18. Juni 1885.

Aus der gefälligen Mitteilung des Gemeinderats vom 30. Mai a. c. ersehen wir gerne, daß unser Gesuch vom 29. Dezember a prt. in Erwägung gezogen wurde. Wenn sich nun der nachträglich, seitens der

„Stuttgarter Pferdebahn-Gesellschaft“

eingegebene gleiche Antrag speziell gegen die von uns beantragte Schmalspur von 1,0 m wendet, und als Haupt-Gegen-Argument die Unmöglichkeit des Befahrens mit Vollbahnwagen anführt, so können wir nicht umhin, darauf aufmerksam zu machen, daß für Güterverkehr auf Straßen von Bedeutung gerade diese Spurweite die einzig passende ist, und daß die von der Gegenseite in Vorschlag gebrachte sogenannte Normalspur von 1,435 m für hiesige Verhältnisse ganz unbrauchbar ist.

Da nun der Gemeinderat an die Erteilung der Konzession die Bedingung knüpft, daß zwischen Güterbahnhof und Schlachthaus eine Schienenverbindung, behufs Ueberführung von Vollbahnwagen, hergestellt werde, so kann hier aus folgenden Gründen nur die Schmalspur in Betracht kommen.

Zum Passieren von Vollbahnwagen müssen die Spurkranzrillen der Geleise vorschriftsmäßig mindestens 67 mm breit und 38 mm tief gemacht werden, in der Praxis wird sogar meist eine Breite von 75 mm, mit entsprechender Maßvergrößerung in den Curven ausgeführt. Diese weiten Rillen beeinträchtigen aber den Verkehr mit gewöhnlichen Fuhrwerken so sehr, daß durch dieselben z. B. in der Kriegsbergstraße, bei einer Auffahrt vor dem Gebäude des Generalkommandos, die größten Unzuträglichkeiten entstehen würden. Andererseits ist nicht zu verkennen, wie wichtig es für die ganze Stadt, und speziell für den nordwestlichen Stadtteil sein würde, wenn die neu zu legenden Trambahngeleise auch ein Befahren mit Vollbahnwagen gestatteten, und dadurch zur Entlastung vieler Straßen von dem schweren Fuhrwesen beitragen würden.

Das haben wir bei Eingabe unseres Gesuchs wohl gewürdigt, und gerade dieser Umstand war für uns mit maßgebend, daß wir die Schmalspur wählten, obgleich die ungünstigen Erfahrungen, welche z. B. Nürnberg mit der Normalspur, in Beziehung auf ungemein hohe Unterhaltungskosten an Wagenachsen und Rädern gemacht, mit Rücksicht auf die gleichen Steigungs- und Krümmungsverhältnisse hier, uns nicht weniger dazu bestimmten.

Der Verkehr von Vollbahnwagen auf schmalspurigen Geleisen geschieht mittelst sogenannter Trucks, deren Räder keiner größeren Spurkranzrille bedürfen, als sie die gewöhnlichen Pferdebahngeleise aufweisen, also 30 mm breite und 25 mm tiefe, und welche so konstruiert sind, daß sie mit Leichtigkeit unter die Vollbahnwagen gebracht werden können, und so den Transport der letzteren auf Geleisen mit Curvenradien bis zu 15 m herab vermitteln. Wir erlauben uns, eine Zeichnung dieser Trucks neuester Konstruktion zur gefälligen Kenntnisnahme s. r. hier beizufügen, und bemerken noch, daß die Anwendung derselben schon eine ziemliche Ausdehnung, besonders in den Niederlanden, erlangt hat, daß dieselben bei den Rappoldsweiler Bahnen im Gebrauch sind, und bei der Wülfel-Döhrener Bahn (Hannover) im vergangenen Jahre durchschnittlich monatlich 200 Vollbahnwagen, also ungefähr die doppelte Anzahl der vorläufig hier in Betracht kommenden Wagen, durch dieselben überführt wurden.

Wenn wir vorher sagten, daß bei Einführung von Güterverkehr mittelst Vollbahnwagen die Normalspur hier keine Anwendung finden könne, so geschah das zunächst mit Rücksicht auf die von Vollbahnwagen erforderliche, für den gewöhnlichen Fuhrwerksverkehr aber zu weite Spurkranzrille, dann aber auch, weil nur Geleise mit Curvenradien bis zu 150 m herab von Vollbahnwagen durchfahren werden können, und weil bei Normalspur eine Anwendung von Trucks praktisch bis jetzt unmöglich ist, da Gewicht und Preis, wenn auch eine anwendbare Konstruktion dafür gefunden werden sollte, derselben dauernd entgegenstehen würden. Aus letzterem Grunde, auch weil die Maße der Spurkranzrillen, und die der Kurven zu gering sind, kann abgesehen von der zweifelhaften Tragkraft der Geleise, ein Verkehr mit Vollbahnwagen auf den vorhandenen Geleisen der hiesigen Pferdebahngesellschaft nie stattfinden, und muß es deshalb höchst eigentümlich berühren, daß letztere, wie aus der Beantwortung eines Fragebogens des Vereins deutscher Eisenbahnverwaltungen hervorzugehen scheint, die Möglichkeit eines derartigen Verkehrs nicht ausschließt, und dadurch das Gros des Publikums in dem Irrglauben erhält, daß nur allein ihre Geleise diesen Verkehr aufzunehmen vermögen.

Anschließend hieran können wir nicht umhin, dem Gemeinderate einige allgemeine Gesichtspunkte, betreffs Herstellung eines unter den gegebenen Verhältnissen rationellen Straßenbahnnetzes für Stuttgart, ergebenst zu unterbreiten.

Der Verkehr Stuttgarts bewegt sich naturgemäß in der Richtung des Thales, also von Nord-Ost nach Süd-West und umgekehrt; es ist deshalb vor allem erforderlich, daß gerade in dieser Richtung, durch Einfügen von Schienenwegen eine Verbesserung der Straßen und dadurch eine Erleichterung des Verkehrs angestrebt wird. Als Zentralpunkt des Verkehrs liegt der Hauptbahnhof der Staatseisenbahnen auf der Grenze der beiden Stadthälften, welche durch den Schloßgarten, die Königs-, Marienstraße und Reinsburg gebildet werden. Von hier aus führen durch die Stadt vier Hauptverkehrsadern nach Berg—Cannstatt, Pragfriedhof, Hasenberg und Heslach, welche Punkte bei einer ideellen Straßenbahnanlage, ohne Wagenwechsel mit dem Hauptbahnhofe und unter sich in direkter Verbindung stehen müßten. Da dieses aber hier, besonders bei einer eingeleisigen Anlage, wie sie vorläufig dem Bedürfnis vollständig genügt, ohne schleppenden Verkehrsgang, absolut unmöglich ist, so dürfte das beste Projekt für das Stuttgarter Straßenbahnnetz das sein, welches die vier genannten Punkte in direkte Verbindung mit dem Hauptbahnhof bringt, und hier den Uebergang auf andere Linien ermöglicht. Es kann dies am natürlichsten geschehen, wenn jede Stadthälfte ihre eigene Linie hat, die Stadt also eine südöstliche und eine nordwestliche Linie erhält.

Die südöstliche von Cannstatt—Berg ausgehend, und die Richtung der bestehenden Pferdebahn bis zur Königsstraße einhaltend, biegt dort rechts ab bis zur Schloßstraße, in der sie bis an die Friedrichsstraße heran, und von hier aus denselben Weg zurück, durch die Königs-, Tübinger- und Böblingerstraße nach Heslach, resp. Zahnradbahnhof geführt wird. Wir glauben wohl kaum befürchten zu müssen, daß die Linie am Königsbau vorbei nicht genehmigt, und mit den zuständigen Behörden keine Einigung erzielt werde, wenn die Pferdebahngesellschaft nur die ernste Absicht, deren Bau zu bewirken kundgiebt!

Die Linie Cannstatt—Berg—Hauptbahnhof—Heslach (Zahnradbahnhof) würde die Hauptlinie der Stuttgarter Pferdebahngesellschaft werden, und mit der Normalspur, und dem vorhandenen rollenden Material, einen günstigen Personenbetrieb gestatten, da diese Linie durchgängig in der Ebene liegt und nur kurze Steigungen hat.

Die nordwestliche Linie, vom Pragfriedhof durch die Bahnhofs- und Friedrichsstraße, am Hauptbahnhof vorbei in die Kanzleistraße führend, und dort links abbiegend bis zur Königsstraße, von hier wieder in der Kanzleistraße zurück bis zur Calwerstraße, durch welche sie, wie weiterhin durch die Rothebühlstraße, ihren Lauf in der Richtung nach dem Hasenberg nimmt, hat dagegen sowohl scharfe Curven, als auch längere starke Steigungen zu überwinden. Für diese wäre die Adoption der Normalspur und des schweren rollenden Materials, welches die Pferdebahngesellschaft zum großen Teil im Betrieb hat, ein entschiedener Mißgriff, dessen unangenehme Folgen sich gewiß sehr bald bemerkbar machen würden.

Alle neuen Straßenbahnen, besonders in coupiertem Terrain, welche nicht unbedingt mit älteren normalspurigen Linien in direkten Zusammenhang treten, also ihre Personenwagen nicht auf andere Linien übergehen lassen müssen, erhalten heutigen Tags die schmale Spurweite.

Mit derselben sind die günstigsten Erfahrungen gemacht worden in Braunschweig, Halle, Mainz, Chemnitz, Lübeck, Mannheim, Rappoldsweiler, Mühlhausen i/E., Linz und vielen anderen Orten. Selbst der Verein deutscher Eisenbahnverwaltungen bezeichnete schon im Jahr 1882 die Wahl der Normalspur für eine große Mehrzahl der bestehenden Straßenbahnen als keine glückliche, und entspricht es deshalb gewiß nicht den ungünstigen Steigungsverhältnissen der hiesigen Straßen, gerade dieser Spur den Vorzug einzuräumen, besonders aber nicht, weil es dem Publikum vollständig gleich sein kann, wenn es doch einmal umsteigen muß, was nie zu vermeiden sein wird, ob dieses Umsteigen in einen normal- oder in einen schmalspurigen Wagen geschieht.

Wie schwierig der Betrieb in den Steigungen der Nord-West-Trambahn werden würde, wenn die Normalspur zur Ausführung gelangt, und dazu das jetzt vorhandene rollende Material der Stuttgarter Pferdebahngesellschaft benutzt werden würde, das kann der Gemeinderat nach dem Betriebe auf der weniger ansteigenden Pferdebahnstrecke diesseits Berg ermessen. Trotz Vorspann müssen dort die Pferde bei besetztem Wagen oft ihre ganzen Kräfte anspannen, um den Wagen hinaufzubringen, und könnten wir über Vorkommnisse höchst mißlicher Art berichten, wenn wir nicht befürchten müßten, dadurch in ein durchaus falsches Licht zu kommen, da wir nichts weniger beabsichtigen, als die Stuttgarter Pferdebahngesellschaft zu mißkreditieren, sondern im Gegenteil stets bestrebt sein werden, falls uns die Ehre zuteil werden sollte die Nord-West-Trambahn ausführen zu dürfen, ein in jeder Hinsicht korrektes Verhältnis anzubahnen.

Neben vorbesprochenen beiden Hauptlinien können späterhin, nachdem der Verkehr auf diesen eine feste Gestalt angenommen hat, noch Nebenlinien ausgeführt werden, über deren Lauf sich heute noch nichts Gewisses sagen läßt, da gerade die Stadtteile, welche in Frage kommen, noch zu sehr in der Entwicklung begriffen sind, und zu kurze Nebenlinien die Rentabilität der Hauptlinien nur ungünstig beeinflussen, doppelt schädlich aber wirken in einer Stadt mit nur schwachem Verkehr, wie derselbe hier in Stuttgart vorhanden ist.

Wir haben dem Vorstehenden nichts weiter hinzuzufügen, als, mit Rücksicht auf das vorher Gesagte, und in Erwägung, daß bei Anwendung der Schmalspur eventuell auch eine Ueberführung von Vollbahn-Güterwagen nach dem westlichen Stadtteil geschehen kann, und die Möglichkeit einer Fortsetzung des Geleises bis zur Hasenbergstation, trotz der starken Steigung nicht ganz ausgeschlossen sein dürfte, den Gemeinderat in derselben Weise wie in unserem früheren Gesuche nochmals um Erteilung der Konzession für Bau und Betrieb der

„Nord-West-Trambahn"

ergebenst zu bitten.

Heinrich Mayer.
E. Lipken.

An den Gemeinderat
der Königlichen Haupt- und Residenzstadt
Hier.

Beilage 8.

Präs. den 1. Juli 1885.
459.

Stuttgart, den 30. Juni 1885.

Den Gemeinderat Königlicher Haupt- und Residenzstadt hier beschäftigen seit einiger Zeit zwei Gesuche, bezüglich Konzessionierung einer neuen Pferdebahn für den nordwestlichen Stadtteil, von denen das eine seitens der hiesigen Pferdebahngesellschaft eingereicht wurde, nachdem die Initiative zur Erweiterung des hiesigen Pferdebahnnetzes von anderer Seite ausgegangen, und dadurch die genannte Gesellschaft quasi in eine Zwangslage geraten war. Letzterer Umstand, in Verbindung mit der ungünstigen finanziellen Lage der Gesellschaft, läßt nun befürchten, daß letztere nimmer mit Lust den Ausbau neuer Linien vornehmen wird, daß also die für die ganze Stadt so wichtige Angelegenheit einer unabsehbaren Verzögerung anheimfallen wird, wenn das andere Gesuch abgelehnt werden sollte.

Auch bleibt zu gewärtigen, daß die Aktionäre der Stuttgarter Pferdebahn gegen den Aufsichtsrat Stellung nehmen werden, falls sich zuverlässig ergiebt, daß dessen Gesuch ernstlich gemeint ist, da ein aus der Mitte der

Aktionäre bei der letzten Generalversammlung hervorgegangener Meinungsaustausch zur Evidenz klar stellte, daß die Aktionäre erst dann ein Eingehen auf neue Pläne gutheißen werden, wenn das bisherige Unternehmen allen berechtigten Wünschen genügt, und zweifellos dauernden Gewinn verspricht. Es könnte dabei aber leicht der für die fortschreitende Entwicklung der Stadt höchst mißliche Fall eintreten, daß der Zweck, welcher den Aufsichtsrat bei Einreichung des Gesuchs scheinbar leitete, erreicht würde, daß also die der Pferdebahngesellschaft drohende Konkurrenz als abgeschüttelt sich erweist, und weiterhin alles beim alten bleibt.

Letzteres würden wir nun im Interesse der Hebung des ganzen städtischen Lebens sehr bedauern, und fühlen wir uns deshalb gedrungen, den Gemeinderat ganz ergebenst zu bitten, das Vorstehende bei Beschlußfassung über die Frage der Konzessionierung geneigtest in Erwägung zu ziehen, auch die Anerkennung dem nicht versagen zu wollen, daß die Heranziehung eines Konkurrenzunternehmens unter den obwaltenden Verhältnissen vollste Beachtung verdient, damit wir nicht länger auf den guten Willen der Stuttgarter Pferdebahngesellschaft allein angewiesen sind, und endlich unsere Verkehrs-Verhältnisse auf das Niveau anderer gleichbedeutender Städte gehoben sehen.

Hiezu weitere 1086 Unterschriften laut Beilage.

W. F. Bauer.
C. Leins.
E. Lindenmeyer.
Hch. Mayer.
Wilhelm Mayer.
H. Waldbauer.

An den Gemeinderat
der Königlichen Haupt- und Residenzstadt
Hier.

Beilage 9.

Stuttgart, den 5. November 1885.

In Abänderung, resp. Erweiterung unseres Gesuchs vom 29. Dezember 1884 bitten wir heute um die Erlaubnis zum Bau und Betrieb folgender Pferdebahnlinien;

1) Nordwestlinie, ca. 4 km lang, beginnt an der Schwabstraße und führt durch die Rothebühl-, Calwer-, Kanzlei- und Königsstraße bis vor den Königsbau, weiter durch die Fürsten-, Friedrichs-, Kriegsberg-, Bahnhof- und Friedhofstraße, und endet vor den östlichen Arkaden des Pragfriedhofs.

2) Ringlinie, ca. 6 km lang, beginnt an der Rothebühlstraße, und führt durch die Schwab-, Militär-, Kriegsberg- See-, Schloß- und Königsstraße bis vor den Königsbau, weiter über den Schloßplatz, an dem Theater vorbei durch die Marstall(Schloßgarten-?), Neckar-, Ulrich-, Urban-, Charlotten- und Olgastraße, und später durch die Filderstraße nach dem Marienplatz.

Die Weichen sollen so angeordnet werden, daß ein 5 Minutenbetrieb möglich wird, und wird die Erlaubnis nur für eine Spurweite von 1,0 m nachgesucht. Fahrpreise: Für die Nordwestlinie, die Ringlinie, und beider Korrespondenzlinien je 15 Pf.; von den Endpunkten der Linien bis Königsbau, vom alten Postplatz bis Friedrichsthor, und vom Herdweg bis zur Sigel'schen Apotheke je 10 Pfg.; derselbe Preis gilt für Korrespondenzen zwischen den beiden letzten Grenzen.

Heinrich Mayer.
E. Lipken.

An den Gemeinderat
der Königlichen Haupt- und Residenzstadt
Hier.

Beilage 10.

An den
Wohllöbl. Gemeinderat der Haupt- und Residenzstadt
Stuttgart.

Aus Anlaß des dem Vernehmen nach von Herrn Ingenieur Lipken hier in Verbindung mit einigen andern Bürgern der Stadt bei dem wohllöbl. Gemeinderat eingereichten Konzessionsgesuch zum Bau einer Pferdebahn für die Strecke vom Hasenberg bis zur Prag habe ich unterm 4. Februar d. Js. die ergebene Bitte an den wohllöbl. Gemeinderat gerichtet in Anbetracht des von mir mit großen Kosten auf der genannten Strecke eingerichteten Omnibusbetriebs, den neuen Unternehmern die Konzession zur Errichtung einer Pferdebahnlinie nur unter der Bedingung zu gewähren, daß mich dieselben für den mir durch ihr Unternehmen zugehenden Schaden in ausreichender Weise entschädigen.

Die in letzter Zeit in der Oeffentlichkeit vielfach besprochenen Projekte für Errichtung eines neuen Pferdebahnnetzes haben mich veranlaßt, zu denselben ebenfalls Stellung zu nehmen und ich bin nun auf Grund eingehender Verhandlungen mit verschiedenen Finanzmännern der hiesigen Stadt in der Lage, dem wohllöbl. Gemeinderat das Offert zu machen, jede von ihm gewünschte Errichtung einer neuen Pferdebahnlinie selbst zur Ausführung zu bringen.

Ich glaube daher, gestützt auf die von mir zum Wohle der Stadt errichteten und zur vollen Zufriedenheit des Publikums fungierenden Omnibusbetriebe, ein gewisses Anrecht darauf zu haben, daß nicht ohne Umgehung meiner Person dritten Leuten die Konzession zur Errichtung eines Pferdebahnbetriebes auf den bisher durch meine Omnibusbetriebe beherrschten Strecken erteilt werde, beziehungsweise daß dies, nachdem ich mich nunmehr selbst zur Errichtung jeder gewünschten Pferdebahnlinie bereit zu erklären in der Lage bin, nur gegen eine den vorhandenen Umständen voll entsprechende Entschädigung geschehe.

Schließlich habe ich noch die besondere Bitte, mir unter allen Umständen, gleichviel ob die Errichtung einer neuen Pferdebahnlinie an dritte Unternehmer vergeben wird oder nicht, die bisher von mir befahrene Strecke vom Paulinenberg bis Heslach zu belassen, indem ich mich gleichzeitig bereit erkläre bei eintretendem Bedürfnis auf dieser Strecke einen geordneten auf die übrigen Betriebe korrekt influierenden Pferdebahnbetrieb zu errichten.

Mit Gewährung dieser Bitte würde sicherlich nicht allein einem besonderen Wunsche von mir, sondern auch den Intentionen der Heslacher Bürgerschaft entsprochen werden. Auch möchte ich nicht unterlassen noch anzuführen, daß ich die Errichtung dieser letztgenannten Linie in vollkommener Weise aus eigenen Mitteln zu bestreiten und damit auch die Garantie für einen durchaus geordneten Betrieb zu bieten in der Lage bin.

Hochachtungsvoll

Gustav Kurtz.

Stuttgart, den 5. November 1885.